汽车4S店优化创新管理

汽车4S店客户关系优化管理

叶东明　编著

化学工业出版社
·北京·

图书在版编目（CIP）数据

汽车4S店客户关系优化管理/叶东明编著．—北京：化学工业出版社，2020.3
（汽车4S店优化创新管理）
ISBN 978-7-122-36139-4

Ⅰ.①汽⋯　Ⅱ.①叶⋯　Ⅲ.①汽车-专业商店-经营管理　Ⅳ.①F717.5

中国版本图书馆CIP数据核字（2020）第022898号

责任编辑：周　红		文字编辑：张燕文
责任校对：李雨晴		装帧设计：王晓宇

出版发行：化学工业出版社（北京市东城区青年湖南街13号　邮政编码100011）
印　　刷：北京京华铭诚工贸有限公司
装　　订：三河市振勇印装有限公司
710mm×1000mm　1/16　印张12¾　字数205千字　2020年5月北京第1版第1次印刷

购书咨询：010-64518888　　　　　　　　售后服务：010-64518899
网　　址：http://www.cip.com.cn
凡购买本书，如有缺损质量问题，本社销售中心负责调换。

定　价：59.00元　　　　　　　　　　　　　版权所有　违者必究

序

　　汽车行业是我国十大支柱产业之一的大行业，4S店作为各汽车品牌厂家连接最终用户的桥梁，是汽车行业的一个重要组成部分。4S店具有独立的法人地位，担负着将主机厂生产的汽车推向市场、销售给最终用户并负责提供售后服务的责任，并为自己的经营结果负责。同时，4S店的经销权授权制度又迫使4S店必须配合厂家的运作要求，使自己的运营受到诸多制约。

　　4S店特殊的产业形态，以及4S店巨大的固定资产和流动资金投入，促使4S店的运营管理者必须更加小心翼翼和精打细算，否则在目前品牌林立、产能过剩的情况下，极其容易步入经营不善的危险境地。这个产业形态特殊的行业经过二十年的发展已经走过了粗放式发展的阶段，4S店再也不能通过盲目抢占地盘和扩大经营规模或者依靠个别畅销车型攫取巨额利润，新的竞争格局要求4S店只有采用精细化和系统化运营模式才能获得生存和发展。

　　4S店如何在白热化的市场竞争中建立竞争优势，已经成为每一位4S店的投资者和经营者必须严肃对待和认真思考的问题。4S店竞争优势的构建，涉及4S店内部和外部诸多因素。但无论如何，如果4S店没有从内部构建高效的运营流程和机制、没有培养和建立忠诚的客户基盘，使4S店获得良好的内部和外部运营环境，4S店要在竞争中取得优势便无从谈起。

　　《汽车4S店系统化运营实务》一书论述了4S店如何有效编制年度经

营计划和预算，如何通过有效人员激励和运营过程质询实现经营计划落地，以及如何开展经营结果复盘，提供了精细化的过程方法和系统化的运营管理思路，帮助4S店提升经营能力，提高运营的效率和资源配置的有效性。

《汽车4S店客户关系优化管理》一书则从客户价值链的角度，从理论和实践双重角度论述了如何培养和建立忠诚的客户群体和维护客户关系，思路清晰，层层递进。书中提供的4S店服务价值链模型，完整展现了4S店的服务价值链，揭示了4S店服务价值的传递和实现过程，以及服务价值实现各因素的内部关系，为读者提供了思考的角度和方向。

这两本书的显著特点是理论结合实际，既有理论阐述，又有实操流程和方法，结构严谨。更加难得的是，叶先生在书中提供了大量翔实的操作模板资料，可操作性和实用性很强，这使得本书更具有实际管理操作的参考价值。

这两本书适合4S店的投资者和经营管理人员阅读。尤其是对那些在运营管理过程中遇到困惑的4S店管理人员来说，这两本书无疑具有直接的指导和启迪作用。

这两本书提供的运营管理和客户关系管理的思路、方法和案例，对其他行业的运营管理从业人员和在读运营管理专业的学生也有一定的参考价值。

前言

运营效率和客户关系,始终是汽车4S店绕不开的话题,因为这两个问题关系到4S店能否生存和盈利。

十年前,我写了《如何经营好4S店》一书,阐述了4S店如何制定经营计划和实现经营目标,以及4S店如何培养客户忠诚度和维系良好的客户关系。

中欧国际工商学院运营及供应链管理学教授赵先德老师写了序,他说,4S店要在白热化的竞争中获得竞争优势,除了要有好的品牌和好的产品外,还必须做好两件事情,一是整合内部管理流程,使得内部的运作更有效率,二是迎合和超越客户的需求,以赢得消费者的满意和青睐,这两件事情成为4S店运营管理的核心。他的这段论述在今天读来,犹觉是有指导意义的真知灼见。

《如何经营好4S店》涵盖了4S店运营管理的核心。该书出版后得到了汽车4S店业界的广泛好评和认可,一版再版,一些汽车经销集团将该书作为管理人员必读书目和客服人员培训教材。

《汽车4S店系统化运营实务》和《汽车4S店客户关系优化管理》,是在《如何经营好4S店》的基础上,结合4S店行业的新情况和管理的新发展重新编写的。其中,《汽车4S店系统化运营实务》阐述了4S店如何构建精细运营的5R运营管理系统,包括经营计划和预算、组织和落实、执行过程检视、绩效奖惩和经营复盘,以帮助4S店的运营管理更加系统和连贯，运营效率更高，运营能力能够得到积累和提升。《汽车4S店客户关系优化管理》以4S店客户关系发展和服务价值链为线索，从理念和实践双重角度论述4S店如何建立员工的服务意愿，如何培养忠诚的客户群体和维护客户关系，提供了相应的客户关系管理解决方案。

  本书在编写过程中，参阅了国内外许多已经出版或发表的书籍和论文等，吸取了其中一些观点和研究成果，适当引用了其中一些内容，恕不一一注明出处，仅在参考文献中列出，在此谨向相关作者表示感谢。

  特别感谢中欧国际工商学院运营及供应链管理学教授赵先德先生在百忙中为本书写序，也衷心感谢为本书写作过程提供帮助和意见的广大4S店朋友！

  由于水平所限，书中不妥之处在所难免，恳请读者批评指正。

  电子邮箱：dongmingye88@hotmail.com

叶东明

目录 CONTENTS

1 客户与客户关系　　001

1.1 客户是什么？　　002
1.2 什么是客户关系？　　005
1.3 客户的终身价值　　006
1.4 从运营角度观察的客户关系和客户价值　　007
1.5 客户价值周期和两类需要特别关注的客户　　008
1.6 客户价值区分与客户结构优化　　009
1.7 服务标准的执行——内敛执行和外延授权　　012

2 找准潜在客户　　014

2.1 寻找潜在客户　　015
　2.1.1 什么是潜在客户？　　015
　2.1.2 寻找潜在客户的原则　　016
　2.1.3 如何寻找潜在客户？　　016
2.2 管理有望客户　　023

    2.2.1   购买时间判断和有望客户识别   023

    2.2.2   有望客户缺口   024

  2.3 有望客户管理中的一些问题   026

3　市场活动　　027

  3.1　市场活动的规划　　028

  3.2　建立竞争情报系统　　029

  3.3　过程控制是市场活动成功的关键　　030

  3.4　示例：某4S店的市场推广管理程序　　032

4　洞察客户需求　　035

  4.1　做顾客的"购车参谋"　　036

  4.2　洞察和厘清客户需求　　037

5　销售过程及效率　　042

  5.1　顾客的跟踪与管理　　043

  5.2　销售过程效率指标及其分析　　045

6　销售服务标准化流程示例　　048

7 售后服务能力与服务需求　　　　　　　　　　**062**

7.1　售后服务的地位和作用　　　　　　　　　063

7.2　售后服务流程　　　　　　　　　　　　　064

7.3　服务能力与服务需求的不平衡分析　　　　065

7.4　服务能力和服务需求的管理　　　　　　　067

　　7.4.1　服务能力管理　　　　　　　　　　067

　　7.4.2　服务需求管理　　　　　　　　　　068

7.5　客户等待时间的管理　　　　　　　　　　069

7.6　作业调度技术和排队论在售后服务中的应用　072

　　7.6.1　作业调度技术在售后服务中的应用　072

　　7.6.2　排队论在售后服务中的应用　　　　074

7.7　准时服务和准时交车　　　　　　　　　　078

8 维修服务的质量和维修效率　　　　　　　　**080**

8.1　维修服务质量是4S店的生命　　　　　　　081

8.2　管理层在质量管理中的作用　　　　　　　082

8.3　维修服务质量的评价指标　　　　　　　　083

8.4　汽车维修质量检验系统　　　　　　　　　086

8.5　客户在维修服务质量管理中的作用　　　　088

8.6　维修过程质量控制　　　　　　　　　　　090

8.7　诊断五步法及其作用延伸　　　　　　　　093

8.7.1 诊断五步法 ... 093
8.7.2 诊断五步法作用的延伸 ... 094
8.8 维修信息及其管理 ... 094

9 变售后服务为低成本的新车销售场所 ... 096

9.1 传统的集客方法 ... 097
9.2 从整车销售的角度看待售后的客户 ... 098
9.3 重点关注的两类客户 ... 100
9.4 将售后服务转变为新车销售场所的实践 ... 101
9.5 有效的车主俱乐部实践 ... 102

10 创建"营服共战"的销售和服务团队 ... 104

10.1 一次糟糕的购买经历及启示 ... 105
10.2 销售和服务流程角度的"营服共战" ... 106
10.3 实施"营服共战"的准备 ... 107
10.4 常见问题及对策 ... 110

11 客户投诉 ... 112

11.1 会投诉的客户是好客户 ... 113
11.1.1 大部分不满的客户不会投诉 ... 113
11.1.2 投诉是客户对4S店心存期望 ... 114

11.2	客户投诉原因分析	115
	11.2.1 平息客户不满只是解决问题的第一步	115
	11.2.2 客户投诉"五缺口"原因分析法	116
11.3	第二次把事情做对	118

12 聆听客户的声音   120

12.1	什么是客户关爱？	121
12.2	客户关爱总监	125
	12.2.1 客户关爱总监的职责	125
	12.2.2 客户关爱总监的素质	129
12.3	让管理人员聆听客户的声音	134

13 客户满意度提升   138

13.1	客户满意度的测算方法	139
13.2	基于调查报告的客户满意度提升	141
	13.2.1 客户满意度的分析和改进	141
	13.2.2 MOT与客户满意度	142
	13.2.3 基于调查报告的客户满意度提升计划	144
	13.2.4 示例：某4S店年度SSI提升计划	145
13.3	客户满意度全面提升策略	152
13.4	客户满意度映象	154

13.4.1	关于客户满意度映象的论述	155
13.4.2	4S店客户满意度映象的表现	156
13.4.3	通过客户满意度映象管理客户满意度	157
13.4.4	防止客户满意度映象的变形	158
13.5	高客户满意度与客户流失	159

14　培养忠诚客户　　　　　　　　　　　　　161

14.1	客户满意度与客户忠诚度的关系	162
14.2	一些4S店的认识误区	163
14.3	客户忠诚度密码	164
14.4	培养高忠诚度客户的方法	166
14.5	客户黏度	168
14.6	把流失的客户请回来	169
14.6.1	对流失客户和战败客户的分析更具价值	169
14.6.2	把有价值的流失客户请回来	170

15　员工满意度的管理　　　　　　　　　　　172

15.1	员工满意度管理的途径	173
15.1.1	建立良好的企业理念和企业文化	173
15.1.2	建立有竞争力的员工薪资体系	174
15.1.3	给服务人员以充分授权	174
15.1.4	给员工提供系统培训	175

15.1.5	建立和谐的同事关系	176
15.2	服务岗位员工流失的原因及影响	176
15.2.1	服务岗位员工流失的原因	176
15.2.2	服务岗位员工流失的影响	177

16 结语   180

16.1	4S店的"服务金三角"模型	181
16.1.1	服务策略	182
16.1.2	服务人员	182
16.1.3	服务系统	183
16.2	4S店的服务价值链	183
16.2.1	领导	184
16.2.2	愿景	185
16.2.3	服务价值链	185
16.2.4	利润模型	186
16.3	与客户创造共赢	187

参考文献   189

1

客户与客户关系

客户是组织赖以生存的基础，没有客户的任何组织都是没有存在价值的。因而，我们不需要讨论客户关系的重要性，而需要讨论以什么样的理念处理客户关系和怎样处理好客户关系。

1.1 客户是什么？

客户是什么？这是一个争论不完的永恒的话题。我们在不少宾馆、商店和4S店的墙壁上可以看到这样的标语："顾客是上帝""顾客永远是对的""永远做得比客户预想的更好"……这些漂亮的口号几乎每天都充斥着我们的耳朵，一次又一次重复让人们相信这些就是真理，每个服务人员都信奉为座右铭，我们的顾客也信以为真。然而，这些观念给服务业，准确地说是给服务人员带来了太多的困惑。对于这些观念，最近在网上有很多的争论，大多认为这些观念不完全正确或不正确。

"顾客是上帝""顾客永远是对的"作为企业服务理念，最早可追溯到20世纪90年代初在中国深圳首开的沃尔玛商场，他们在墙上醒目的地方贴出标语："1.顾客永远是对的；2.顾客如果有错误，请参看第1条。"沃尔玛的创始人山姆沃顿如是说："事实上，顾客能够解雇我们公司的每个人，他们只需要到其他地方去花钱，就可以做到这一点。"这样的理念对在当时刚刚从计划经济走出来的中国服务业来讲，产生了不亚于一颗原子弹爆炸的效应，顿时传遍了大江南北。在不假思索的情况下，大多服务企业纷纷推出诸如"宾客至上、服务第一"的口号。

培训业的发展也起到推波助澜的作用。培训讲师和学者经常在讲述着这样一个故事：美国著名的连锁商店Nordstrom根本不卖防滑链（有的版本说是轮胎），可是当有人把声称在这儿购买的一套防滑链拿来要求退货时，Nordstrom的商店仍然接受退货。这个故事包含的道理是，如果通过这种方式让顾客惊喜，Nordstrom就能获得一个忠诚的新顾客并且很可能获得极好的口碑。还有就是一个关于海尔的故事：一位老太太在一家海尔商场买了一台空调，在回家时空调被无良的出租车司机乘机拉走了，老太太投诉海尔商店没有送货上门导致她的损失，尽管当时海尔还没有提供送货上门的服务,海尔的经营者经过商量,决定给老太太道歉,赔偿一台同型号的空调并免费上门安装。我们可以看到这些故事不仅不合情理和不合逻辑,而且无据可考,但都一时被引为经典而津津乐道。我们不清楚这些故事有多少是作秀的成分,因为任何一家公司如果对客户的无理要求不加拒绝而一味满足的话,我想这家公司是一定会倒闭的。

4S店经营作为一个特殊的服务行业,同样经历了太多关于客户关系的困惑。这种困惑在于:为了留住客户,必须让客户满意;为了让客户满意,就必须满足客户的要求。问题是,客户的所有要求都能满足吗?

某4S店曾经有这样的经历。一次,他们接待了一位撞坏了后车厢的车主。虽然在客户到店时服务顾问进行了例行的坏车检查并要求客户带走贵重物品,但车主还是在取车时声称放在后车厢的一个手电筒样品不见了,要求4S店答复。经调查,没有人见过客户描述的手电筒。会不会是在修理前整理后车厢时无意间丢弃了呢?或者客户原本就没有把手电筒放在车上呢?或者是客户自己在别的地方弄丢了呢?不得而知。客服人员将调查结果告知了顾客。这位顾客立即要求调查修理人员并找出手电筒,他断定是修理人员拿走了他的样品。"客户永远是对的",这是4S店的信念,但这让客服人员骑虎难下,修理人员更加委屈。不承认客户的手电筒是在4S店里丢失的,顾客不可能满意;承认了,就等于怀疑自己员工的品德,这将危及公司的企业文化,而且客户更不可能对4S店放心。

更多的情况是客户抱怨4S店的修理价格太高。4S店的维修费用由两部分组成:一部分是配件费,由厂家的配件价格乘以规定的加价率,是一个厂家统一的价格;另一部分是修理工时费,根据厂家规定的修理标准工时来计算。当然,其中包括了4S店的运营费用和利润。不言而喻,在修理价格上的让步,直接损坏了4S店的价格系统和合理收益,最终也将损害服务的过程质量。虽然,4S店在想尽办法降低成本,但客户对价格的抱怨是一个无解的问题。

更让人无奈的是,一线的销售和服务人员在面对客户的蛮不讲理时,往往得不到上司的理解和支持,上司也只能相信"客户永远是对的"的信条。

客户究竟是什么?

我们借用营销大师Rebecca L.Morgan的话来描述客户。

顾客是……

来到本企业的最重要的人，

无论是亲自拜访，是电话来访，还是信函委托。

最终为我的工资单付款的人。

我的确是在为他工作。

一个我不应当与之争论的人。

一个让我学会耐心的人，即使他并不总是对我具有耐心。

一个既能够使我成功也能够使我失败的人，

全看我如何对他的评论做出反应。

只要我能够控制自己的反应，

就能轻松把握自己的生命。

一个像我一样怀有偏爱和偏见的人。

他也许不喜欢我的发型而我也许不喜欢他的着装，

但他仍然是一个特别的人，因为他是我的顾客。

一个我应当小心翼翼不去冒犯的人。

即使他是错的，我也应委婉地、有礼貌地

指出他的错误。

一个有时候意味着一种挑战的人。

我接受挑战，

并且很高兴能使他转怒为喜。

一个非常特别的人。

他作为我的顾客也许只有短短几分钟，

而在此期间我却能够帮助他百分之一百地满足需要。

一个我会不计劳苦对待的人。

他也许不会注意到这一点，但我却知道，

平庸与优秀之间的差别，

其实只有百分之十。

摘自 Rebecca L.Morgan，Calming Upset Customers，2000.

1.2 什么是客户关系？

顾名思义，客户关系是4S店与客户之间的相互关系。按照营销大师科特勒的说法，客户关系一共有五种形式。

① 基本型：卖出后与客户没有联系。
② 被动型：卖出后同意或鼓励客户与企业联系。
③ 负责型：卖出后及时与客户联系。
④ 能动型：卖出后不断与客户联系。
⑤ 伙伴型：卖出后跟踪客户需求，为客户不断增值。

因此，从供应商的角度上讲，客户关系实质上是供应商的一种商业策略。由于不同的客户维系方式需要付出不同的成本，供应商可以选择各种形式维护与客户的关系。

供应商维护客户关系的目的，就是想留住客户，因为客户在接受4S店的服务时能够给4S店带来利润。同时，客户通过接受服务，也获得了利益。所以，供应商表面上是向客户提供服务，实质上是双方价值交换的过程。客户在付出成本时，获得了服务的结果和服务过程的体验，而4S店在付出服务的同时获得利润。也正因为如此，4S店总是在售后保持与客户的联系，并进一步跟踪和发现客户的需求，期望与客户达成伙伴型客户关系。在正常情况下顾客会认为，如果他的获得等于他的付出，那就是物有所值；获得大于付出时就是物超所值，他会满意；获得小于付出时就是物无所值，他就会不满，就会有了怨气。从价值交换角度上讲，服务提供方和顾客是平等的。但是，每个人对他所得到的服务结果的评估价值以及对服务过程所感知的价值千差万别，有的人强调服务的结果，有的人强调服务的过程，有的人会认为两者都很重要。有顾客对4S店的服务顾问讲，他是来修车的，不是来享受接待的，如果需要享受，那也不是来4S店，而应该到专业的场所。换句话说，同样的收费和同样的服务，有的人认为物有所值甚至物超所值，有的人却认为物无所值；有的人满意，有的人不满意。当他不满意并且还有另外的选择时，他就有流失的可能了。无序的竞争提高了客户的期望，提高了客户对4S店的要求。竞争使4S店要尽量满足客户的个性化要求。

正因如此，4S店在实施客户关系管理时，需要根据客户需求的不同对客户进行区分，以便4S店可以有效地组织资源，提高资源使用的有效性，提高企业的盈利能力，同时提高客户的满意度。

1.3 客户的终身价值

4S店评估客户的终身价值并将结果传达到每一位服务人员，有助于4S店员工进一步认识以客户为中心和尊重客户的重要性，并因此从客户角度改善业务流程，提高客户满意度。

1990年，凯迪拉克汽车达拉斯经销商卡尔·赛维尔（Carl Sewell）从汽车购买和售后服务的角度计算出一名忠诚客户的终身价值为332000美元。卡尔·赛维尔不仅向员工传达了这个数目，还鼓励他们提出如何超出顾客期望以让顾客吃惊和感动的想法。于是就产生了一系列为实现突出的销售和服务而制定的措施。其中，为顾客提供售后服务的修理厂的地板被漆成光亮的白色。每当顾客把车开进来需要修理的时候，员工都用干拖布将地板拖干净。这不但向客户传递一种有形的证据，表明公司在修理他的汽车时所花费的心思，还表明公司对那些提供良好服务的员工所具有的尊重。卡尔·赛维尔还邀请顾客会见那些修理他们汽车的技师并且鼓励他们交谈。这就是为什么在顾客满意度排名中赛维尔多次名列凯迪拉克汽车经销商前5名的原因。

一汽丰田和上海大众也先后对客户的终身价值做了估算。一汽丰田假定一个30岁的人在今后的25年内会购买5辆车，单车均价为20万元；假设一个客户每年进4S店维修5次，每次服务消费为2000元，则该客户的终身价值约为125万元，4S店可从一个客户一生获得18万元的利润。一汽丰田不但要求4S店通过培训将有关信息传达给每一位管理人员和服务人员，为强化人员的客户价值意识，还要求4S店进行每月、每季和每年的客户价值分析。

以上的估算是基于边际利润和货币不增值的假设进行计算的，这样的估算还没有包括客户的车辆增购、附件销售和满意客户转介绍的价值，如果算上这些的话，客户的终身价值会更巨大。

其实，只要把客户长期消费的过程当成一个生命周期和一个整体来看，就能够更好地对客户的价值进行理解。有些4S店把客户行为割裂开来，使有的团队只是负责吸引客户，有的团队只做服务或挽留客户，这样做实际上不利于一线员工全面了解客户的消费习惯和偏好，当然也使4S店不能向客户提供到位的服务。所以，4S店以客户为导向，就要贯穿客户消费的整个生命周期，而不能以企业员工内部的分工为导向，导致对客户及其连续性需求的割裂。

认识客户的终身价值，认识培养忠诚客户以延长客户生命周期的重要性，将转变服务人员尊重客户和尽心为客户服务的理念，并有可能由此带来业务流程的变革。

1.4 从运营角度观察的客户关系和客户价值

从4S店运营的角度分析，客户价值一般包括以下四个方面。

① 新车销售收益　即新车销售产生的收益，包括单车毛利和价值链如金融信贷、保险、二手车置换、装潢、购买附件等方面的收益。

② 售后收益　一定周期内，客户保险、维修、保养、购买配件为4S店带来的收益。

③ 潜在价值　客户增购或换购、购买4S店的延伸服务和附件为4S店带来的收益。

④ 关联价值　客户口碑效应为4S店带来的价值，如转介绍、4S店活动的参与；4S店与其他行业的客户共享带来的效益。

4S店在进行销售收入预算时必须从这四个方面的收益来考虑。然而，对于4S店的投资者来讲，他们不仅考虑4S店目前的收益能力，更看重其未来的盈利能力，换句话讲他们真正关心的是4S店的客户支持率的价值。除了少数盈利性极好的品牌大多4S店在投资的头两年是亏本的，两年之后才开始盈利，因为新建店需要积累一定的客户保有量。十年来，有些投资商高溢价收购4S店，看中的就是收购目标4S店未来不断膨胀的潜在客户的数量及其带来的4S店的盈利能力。但也有些投资商自我关闭营利性不好的4S店，原因是这些被关闭的4S店长期不能盈利，除了新车销售不能盈利外，售后服务不能支撑起4S店的费用，而且没有好转的迹象。

客户支持率是指现有客户和潜在客户的整个生命周期价值的净现值，包括客户资本（现有客户生命周期价值的净现值）和潜客价值（潜在客户生命周期价值的净现值）。

客户资本体现的是现有客户关系价值的总和，它是衡量客户关系数量、客户关系的深度和质量（产生利润的能力）、客户关系的持久性和获利能力的一种标准。客户资本的考察内容如下。

① 有效的客户数量。
② 客户群的区分。
③ 每一客户群中每一客户的现有平均利润。
④ 每一客户群的客户保留率。
⑤ 每一客户群中每个客户预期的利润增长和下降。

潜在客户价值取决于客户潜量及其创造的价值预期。客户潜量反映4S店吸引和维持新客户的能力，反映未来4S店的盈利预期。

客户支持率是现有的和潜在的客户所能盈利的现期价值，也就是客户资本和客户潜量的总和。

从4S店运营角度观察客户价值使我们明白4S店盈利的结构和预算方向，使我们了解客户关系在4S店保持盈利能力方面的重要性和保持盈利能力的方向，也使我们明白客户及其价值区分以及客户忠诚度在客户关系管理中的作用。

1.5 客户价值周期和两类需要特别关注的客户

客户的价值周期经历三个阶段，第一阶段是新客户期，第二阶段是稳定客户期，第三阶段是流失期。

在第一阶段的新客户期，客户第一次接触4S店提供的服务之后会有一段时间的陌生感和适应期，消费频率较低；等到慢慢熟悉了该4S店之后，消费频率会上升，并慢慢稳定下来。但是，如果客户不能适应或对4S店的服务不认可，或者外界有强烈的诱惑，客户十分容易流失。因此，在这一阶段，客户关系的目的就是要帮助新客户尽快适应4S店提供的服务，使之成为稳定和忠诚的客户。

但是，在客户成为稳定的客户以后，如果4S店不能提高与客户关系的深度，导致客户不满问题例如维修质量问题、价格问题等得不到及时解决，客户就有了重新选择服务的趋势。在这一阶段，客户关系管理的目的是及时了解客户的消费趋势和消除客户的不满，更多地培养客户的忠诚度，避免客户产生"出走"的念头，以达到尽量延长这一阶段时间的目的。

客户流失的情况，一种是例如车辆报废、过户和迁徙等导致的自然流失，另一种是客户因不满积累得不到解决或者客户受到了竞争对手强烈的诱惑而导致的流失。及时进行客户价值区分和分析能够帮助4S店及时获得客户流失趋势的信息，帮助4S店通过有选择性的和及时的客户关爱，对有流失趋势的有价值的客户施以挽留。

有两类需要重点关注的客户：一类是新客户，因为他们还没有成功转化为稳定的客户；另一类是有流失趋向的客户。这两类客户是客户关爱工作关注的重点。

1.6 客户价值区分与客户结构优化

"二八原则"认为，企业80%的利润来自20%的客户，而其余80%的客户只创造20%的利润，但却耗费了80%的企业资源。4S店的客户绝大多数是直接的消费者，具有分散性的特点。虽然目前还没有证明4S店的利润分配和客户分配的对应关系也服从"二八原则"的研究，但可以从众多4S店的经验断定，客户对于4S店的价值和利润贡献是不均衡的，4S店大部分的利润来源于少数的客户。

1997年，Robert & Paul以客户价值-客户回应度作为指标，对客户进行分类，得到四种客户类型（图1-1）：第一种客户为最佳客户（高-高），是那些既有高价值又有高回应度的客户，是企业的优质客户；第二种客户为奇异客户（高-低），即那些有高价值但并不倾向于与4S店建立稳定关系的客户；第三种客户为致命诱惑客户（fatal attraction，低-高），该客户群对企业的响应很高，但却相对无利可图；第四种客户为幽灵客户（ghosts，低-低），是相对低价值且无回应的客户。该研究注意到客户未来价值的重要性，认为企业的资源最好用在客户价值高并且有回应的客户群上。

图1-1　Robert客户价值模型

1999年，Kelly & Julie以客户价值-客户忠诚度作为客户细分的指标，构造客户分类矩阵，将客户分为金牌客户（golden，高-高）、风险客户（at risk，高-低）、边际客户（marginal value，低-高）和不需过多服务的客户（don't over service，低-低），并针对不同的客户类型提出客户关系的不同发展策略（图1-2）。该研究将客户价值和客户忠诚度作为两个独立的变量，客户价值指客户当前的净现金流，客户忠诚度隐含了对客户未来现金流潜力的预测，但是并没有将两者统一到客户价值中。

图1-2　Kelly客户价值模型

2001年，Achim、Tomas和Hans将客户价值定义为企业的关键决策者从客户关系中所感受到的收益（benefit）与付出（sacrifice）之间的权衡（trade-off）。收益和付出既包括货币因素，又包括非货币因素，他们首次将客户价值的非货币因素和货币因素置于同等重要的地位，并以此区分客户价值为直接功能、间接功能和社会功能。该研究以直接功能-间接功能作为客户分类的指标，将客户关系分为高绩效关系（high-performing relationships，高-高）、买卖关系（selling relationships，高-低）、低绩效关系（low-performing relationships，低-低）和网络关系（networking relationships，低-高）四种类型（图1-3）。该研究给出了客户价值的清晰界定和划分，突出强调了客户价值的非货币价值，这是它与上述研究的一个最大区别和特色所在。

图1-3　Achim客户价值模型

以上研究分别从客户回应度、客户忠诚度和客户的非货币因素等不同角度对客户价值进行分类，但是都没能清楚地指出客户生命周期对企业的价值，即客户对企业的时间价值。

罗兰·T·拉斯特提出了客户终身价值的计算方法。该方法把时间价值作为一个重要参数，使客户价值有了按时间量化的标准。

对4S店来说，基于不同的发展阶段，客户价值估算必须有不同的侧重点。例如在4S店建店初期，快速扩大客户的数量是4S店的当务之急；但对于已经积累了大量客户的4S店来讲，就应该明确哪些客户是低绩效客户和幽灵客户，哪些客户是风险客户，哪些是金牌客户，并以此为依据减少对低绩效客户和幽灵客户的投入，增加对风险客户的关爱，给予金牌客户尊贵的待遇，有效促进客户结构和资源使用的优化。

不同发展阶段的4S店应该选择不同的客户价值模型来区分客户和处理客户关系。

1.7 服务标准的执行——内敛执行和外延授权

客户的区分，目的是对具有不同价值和处于不同状态的客户施以区别对待，优化资源的使用，以同样的成本培养更多的优质客户和获得更好的收益。这就意味着不同价值的客户将接受不同的服务，而这也形成了对4S店已经形成的或者是厂家统一规划的对所有客户"一刀切"的服务标准的挑战。

为同时满足对客户区别对待和对厂家"一刀切"的标准化服务的要求，4S店执行标准化服务流程可能需要两种不同的执行方式，即内敛和外延。

（1）内敛执行

这是目前大多数4S店的执行方式。由4S店制定或由厂家发布4S店的销售标准化流程和行为准则、售后服务标准流程和行为准则，要求4S店的销售人员和售后服务人员必须遵照执行。厂家通过神秘客户调查、销售标准检查、售后标准检查、SSI[1]调查、CSI[2]调查和区域走访等手段促使4S店执行这些标准流程。4S店要求员工只能在规定的范围内按规定的方法行事，不能自行其是，以确保获得厂家各种检查的高分数和获得高的返利。这样的授权方式统一了服务行为模式，有利于简化内部管理。在这种情况下，公司为确保员工能够获得公司所期望的业绩，同时又使他们的行为得到应有的约束，服务人员的行动必须尽量扩大到标准规定的各个方面。员工如需超越权限，必须得到上司批准。但有趣的是，不同的客户对服务流程的看法和要求却有很大的分歧，例如不少客户抱怨被执行了生硬和机械的服务，抱怨服务顾问接车和交车的时间太长，4S店因为机械地执

---

[1] 整车销售过程满意度，全书同。
[2] 售后服务过程满意度，全书同。

行了标准化流程，可能得到了较高的神秘客户调查成绩，却不能获得高的CSI和SSI分数。以内敛的方式执行服务标准，由于对服务人员的要求较低而被广大4S店所采用。

（2）外延授权

在这种授权形式下，厂家和4S店规定的服务流程和相关标准被当成服务行为基准，或者说规定了员工需要做出的基本行为。除此之外，为达到更好的业绩，服务人员必须在服务基准的基础上自由发挥。外延授权的授权方式释放了一线服务人员的潜能，一些试行这种授权方式的4S店由于实行了对不同客户价值的客户的区别对待，收效明显。但这种方式同时给4S店带来了风险，例如经常导致神秘客户调查分数偏低，由于员工的不适当行为导致客户投诉增多和4S店形象受损等。因此，在采用外延授权形式时，必须明确员工的权限和权限使用范围，特别是处理问题的程度，以及必须明确哪些行为属于不适当行为。

就外延授权的权限和范围问题，罗伯特·西蒙斯的边界系统（boundary system）理论可供借鉴。他认为，为了避免出现措手不及的事情、防止员工偏离所约定的战略，甚至是为了促进创新，组织的信任系统或者共同价值观，再加上适当和不适当行为的明确指导方针是必不可少的。也就是说，4S店在采用外延授权时必须首选明确哪些要求是基础要求，执行人员必须执行和完成，对于外延部分，外延的权限和边界在哪里，并明确哪些事情是不能做的。

2

找准潜在客户

> 2 找准潜在客户

寻找潜在客户是销售的第一步。作为一个销售顾问，在确定要销售的产品后，就要确定潜在客户在哪里，并与他们取得联系。如果不知道潜在客户在哪里，向谁去销售你的产品呢？因此，多数销售顾问会将大部分时间都花在寻找潜在客户和对潜在客户的管理上。几乎每一个销售顾问都会在将产品销售后向客户问上一句"如果您的哪位朋友要买车，能帮忙推荐一下吗？"

2.1 寻找潜在客户

2.1.1 什么是潜在客户？

你打算把你的产品销售给谁，谁有可能购买你的产品，谁就是你的潜在客户。作为潜在客户，必须具备两个要素：一是用得着，二是买得起。

首先要用得着，或者需要这样的消费。不是所有的人都需要你的产品，不同的产品具有不同特性的客户群体。例如，有的人买车只是用来代步，有的人是商务需要，有的人是用来装饰门面……不同需求就需要用不同的车，换句话说，不同的车有各自特定的客户群体。

其次是买得起。对于一个想购车又掏不出钱的潜在客户，你付出再多的努力最后也很难成交。事实上，几乎每个人或者每个家庭都希望有一台自己的车，但如果销售人员想把一台车销售给一个只能维持最低生活标准的家庭，无论他的技巧有多高明，结局一般是否定的，就算有个别成功的例子，也不足以说明问题。

寻求潜在客户是一项艰巨的工作，特别是对那些刚刚开始从事汽车销售的人员，他们除了对产品的初步了解外，没有其他资源可以使用，他们必须花非常多的时间在寻找潜在客户上。这就是一个新入行的销售顾问往往在试用期或刚入职前几个月没有销售业绩的原因。

2.1.2 寻找潜在客户的原则

在寻找潜在客户的过程中和确定对方是否为潜在客户时,可以用MAN方法加以判别。其中,M代表金钱(money),即所选择的对象是否有对应的购买能力,包括分期支付的能力;A代表购买决定权(authority),即该对象对购买行为是否有决定、建议或反对的权力;N代表需求(need),即该对象是否有用车的需求。

在实际操作中,可以根据这三个要素的不同组合来判别对方是否为潜在客户和确定应该采取的对策(表2-1)。

表2-1 潜在客户判断和对策

序号	状况	潜在客户	对策
1	M+A+N	是	理想的有望客户,立即促进成交
2	M+A+n	是	委派熟练的销售顾问,有望成交
3	M+a+N	是	跟踪接触,设法找到决定权人
4	m+A+N	是	可以接触,考察其业务状况和信用条件,考虑是否能够使用信贷
5	M+a+n	是	可以接触和长期联系
6	m+A+n	是	可以接触,可长期观察、培养,使具备另一条件
7	m+a+N	是	可以接触,可长期观察、培养,使具备另一条件
8	m+a+n	非	停止接触

注:M代表有购买力,m代表无购买力;A代表有购买决定权,a代表无购买决定权;N代表有购买需求,n代表无购买需求。

2.1.3 如何寻找潜在客户?

(1)目标客户群的特征分析

准确定义目标客户群的特征,是高效寻找潜在客户的第一步。有了对目标客户群体特征的准确定义,4S店就能从纷繁的人群中迅速找出符合条件的人群,进而开展有效的市场推广活动和销售活动。

> **2 找准潜在客户**

对于新上市的汽车，厂家会向经销商提供其目标客户群的初步指引，尽管厂家非常明白对于不同的销售区域情况会有所不同。一般而言，4S店可根据厂家的建议和自己的判断发布信息和寻找潜在客户。对于成熟销售的车型来说，4S店已经积累了大量购买该车型客户的资料和信息。为获取有效的客户信息，有些4S店除在销售过程中收集客户信息外，他们还在成交后追加对客户的情况调查和统计分析。

下面是福州世腾斯柯达4S店在新车交车时对客户面访时的客户情况调查问卷，供参考。

Octavia 明锐车主调查问卷

姓名：　　　　　　　　　　车牌号：

A1. 你的年龄（　　　）
R1. 25岁以下　　　　R2. 26～30岁　　　　R3. 31～35岁
R4. 36～40岁　　　　R5. 41～45岁　　　　R6. 46～50岁
R7. 51～55岁　　　　R8. 56岁以上

A2. 家庭情况（　　　）
R1. 未婚　　　　　　R2. 已婚无孩子　　　R3. 已婚有孩子

A3. 你的学历（　　　）
R1. 高中及以下　　　R2. 大专　　　　　　R3. 本科
R4. 研究生及以上　　R5. MBA/EMBA

A4. 以下哪一项最吻合你的家庭每月税前总收入？（　　　）
R1. 5000元以下　　　R2. 5000～9999元　　R3. 10000～14999元
R4. 15000～19999元　R5. 20000～24999元　R6. 25000～29999元
R7. 30000元及以上

A5. 你平时的休闲活动场所/方式（可多选）
R1. 高级会所/俱乐部　R2. 音乐会或艺术展　R3. 健身
R4. Spa/桑拿　　　　R5. 球场（高尔夫球、网球、羽毛球、其他）
R6. 酒吧/卡拉OK娱乐场所
R7. 看电影、DVD

A6.你在选购汽车时,什么是对你来说比较重要的考虑因素?(可多选)

R1.汽车品牌　　　　R2.汽车原产地(例如:欧洲、美国、日本)

R3.特定的经销商　　R4.车内空间

R5.操作性能　　　　R6.汽车的品质/耐用性

R7.价格　　　　　　R8.外观

R9.节油　　　　　　R10.科技含量

R11.合理的保养/运行费用

R12.发动机性能　　　R13.安全性

R14.舒适性　　　　　R15.其他(请注明)

A7.上题中哪一项对你来说是最重要的考虑因素(单选,请从上面的选项中,写出符合的选项号)。

R:(　　)

A8.最终让你决定购买明锐的因素是?(可多选)

R1.亲朋的推荐　　　R2.旧车换新车的折价

R3.愉悦的试车　　　R4.低售价

R5.较好的购车贷款方案

R6.品牌的可靠性　　R7.高品质的汽车

R8.出色的汽车造型　R9.安全性

R10.舒适性　　　　　R11.空间

R12.发动机性能　　　R13.优秀的售后服务

R14.工作人员可亲的态度

R15.保养费用低　　　R16.环保

R17.其他(请注明)

A9.在你准备购车之初,你还重点关注过哪些车型?(可多选)

R1.福克斯　　　　R2.克鲁兹　　　　R3.朗逸

R4.标致307/308　　R5.思域　　　　　R6.轩逸

R7.卡罗拉　　　　R8.速腾　　　　　R9.其他(请注明)

(资料来源:福州世腾汽车销售有限公司)

客户调查问卷

姓名：　　　　　　　　　　车牌号：

Q1.你是通过什么途径了解到SKODA品牌的？

R1.SKODA车主推荐

R2.媒体宣传

R3.周围（未拥有SKODA）的亲朋推荐

Q2.你在选择要买的品牌和车型时，你的主要参考消息来源是什么？

R1.亲朋推荐　　　　　R2.杂志　　　　　R3.报纸广告

R4.同一品牌的车主推荐

R5.广播　　　　　　　R6.汽车展览　　　R7.网络

R8.电视　　　　　　　R9.其他（请注明）

Q3.你最经常上的汽车网站是？

R1.太平洋汽车网　　　R2.爱卡汽车网　　R3.新浪网

R4.163.com　　　　　 R5.sohu.com　　　R6.51QC.com

R7.yahoo.com　　　　 R8.其他（请注明）R9.不上网站

Q4.你平时关注哪方面的消息？（可多选）

R1.财经　　　　　　　R2.体育　　　　　R3.旅游

R4.娱乐　　　　　　　R5.汽车　　　　　R6.购物

R7.军事　　　　　　　R8.饮食　　　　　R9.时尚

R10.健康　　　　　　 R11.房地产　　　　R12.科技

R13.其他（请注明）

Q5.你平时主要看的当地报纸？

R1.《海峡都市报》　　R2.《东南快报》　 R3.《福州晚报》

R4.《福州日报》　　　R5.《福建日报》　 R6.不看报纸

R7.其他（请注明）

Q6.你平时看电视汽车节目吗？

R1.经常看　　　　　　R2.从不看　　　　R3.偶尔看

（资料来源：福州世腾汽车销售有限公司）

当4S店的购车客户积累到一定程度时,只要对所有客户的调查信息进行有效统计,就能准确描述各个车型的客户特征,例如性别、年龄、职业、学历、职位、收入水平、家庭状况、生活习惯、消费区域、爱好兴趣等。与这些特征吻合的人群就是你的目标客户群体。目标客户群体的特征越明确,你对出现在你眼前的人群是否是你可能的客户的判断就越精确。

这些都是浅显的道理,然而在实际的操作中,却很容易被忘记。

有一家4S店,在"六一儿童节"举办了一个儿童沙画比赛活动。4S店的设想是希望吸引孩子来店参加活动,同时把陪同的家长也吸引到店。为吸引"客户",4S店在报纸上登了活动广告,称届时提供小食品和对优胜者提供纪念品。有些家长带着小孩前来参加了活动。家长们高兴之余,也给4S店留下自己的联系方式,还告诉4S店很乐意参加类似活动。活动后,销售顾问开始了联系和跟踪工作。但大多数家长的回答让他们失望,因为这些家长只是带着孩子来玩,并没有买车的打算。4S店花了钱,也花了精力,却找不来想要的"潜在客户"。另外一家4S店举办过类似的活动,但结果大不相同。这家4S店在预先的调查中发现,他们的销售区域有很多孩子在学钢琴,而能够供孩子学钢琴的家庭大多是收入较好的年轻家庭,这个特征非常符合这家4S店一些车型的客户特征。这家4S店与钢琴考级机构合作举办了一次儿童钢琴比赛活动,取得不错的集客效果。

收集和分析销售区域的人口信息,并从中找到4S店系列产品对应特征的潜在客户群体的资料信息,是一项长期和持续的工作。如果4S店能够建立销售区域的人口信息资料库,对有关信息按照产品的目标客户群特征的各个维度进行分类和检索,4S店就可能开展精准的和针对性强的产品推广,提高市场推广活动的效率和减少资源浪费。

(2)寻找潜在客户的方法

寻找和发掘潜在客户的方法有很多,并且是仁者见仁,智者见智,寻找方法不胜枚举。这里提供一些方法供参考。

① 资料发掘法 是指通过分析各种资料(如统计资料、名录类资料、报章类资料等)寻找潜在客户。

a. 统计资料 国家相关部门的统计调查报告、行业在报刊或期刊等上面刊登的统计调查资料、行业团体公布的调查统计资料等。

b. 名录类资料　客户名录（现有客户、旧客户、失去的客户）、同学名录、会员名录、协会名录、职员名录、名人录、电话黄页、公司年鉴、企业年鉴等。

c. 报章类资料　报纸（广告、产业或金融方面的消息、零售消息、迁址消息、晋升或委派消息、订婚或结婚消息、建厂消息、相关个人消息等）、专业性报纸和杂志（行业动向、同行活动情形等）。

② 渠道发掘法

a. 从认识的人中发掘　每一个人都有自己的社交圈，即便是一个社交活动很少的人也有一群朋友、同学和老师，还有他的家人和亲戚，这些都是你的资源。这些人中就可能有些人需要你的产品，或者他们知道谁需要。所以，在寻找的过程中，你的任务就是沟通。告诉你身边的人你在干什么，你的目标是什么，获得他们的理解，你会很快找到你的潜在客户，因为你身边的人都会帮你，愿意帮你。让他人知道你、了解你，这将成为你开启机会的大门。

b. 从朋友圈中发掘。销售顾问和其他4S店的工作人员通过各种可能渠道，努力建立好友数量庞大的朋友圈。经常在朋友圈发布所经营的品牌车辆信息、4S店和行业信息以及4S店的活动信息、甚至是4S店的团队建设信息，引起好友关注，已经成为4S店挖掘潜在客户的非常重要的渠道和方法。

c. 从商业联系中发掘　不论你是否刚刚开始接触销售，你都有可能处在销售中。商业联系比社会联系更容易。借助于私人交往，你将更快地进行商业联系。不但要考虑在生意中认识的人，还要考虑协会、俱乐部等行业组织，这些组织带给你的是其背后庞大的潜在客户群体。

d. 从其他企业销售人员处发掘　每一个销售人员，即使不是汽车行业的销售人员，他们都有一个客户群体，只要他们不是你的竞争对手，他们一般都会和你结交，即便是竞争对手，你们也可以成为朋友，和他们搞好关系，达成合作。在对方拜访客户的时候他还会记着你，你有合适他们的客户你也一定记着他，彼此介绍合适的客户。

e. 从其他销售顾问的客户名单中发掘　在很多4S店，销售顾问更换频繁。你可以观察到，这段时间有多少人进入和离开销售队伍。有些销售人员并没有离开，但是现在已经在其他岗位任职。如果有这样的人，他们的客户是怎样处理的？如果他们的客户还没有让别的销售人员来负责，可以要求授权你与他们联系。

f. 连锁介绍 吉拉得（Joe Giard）是世界上汽车销售最多的一位超级销售员，他平均每天要销售五辆汽车，他是怎么做到的呢？连锁介绍是他使用的一个方法，只要任何人介绍客户向他买车，成交后，他会付给每个介绍人25美元，25美元在当时虽不是一笔庞大的金额，但也足够吸引一些人，举手之劳即能赚到25美元。哪些人能当介绍人呢？当然每一个都能当介绍人，可是有些人的职位，更容易介绍大量的客户，吉拉得特别重视银行的贷款员、汽车厂的修理人员、处理汽车赔损的保险公司职员，因为这些人几乎天天都能接触到有意购买新车的客户。每一个人都能使用介绍法，但你要怎么进行才能做得成功呢？吉拉得说："首先，我一定要严格规定自己'一定要守信''一定要迅速付钱'。例如当买车的客人忘了提到介绍人时，只要有人提及'我介绍约翰向你买了部新车，怎么还没收到介绍费呢？'我一定告诉他'很抱歉，约翰没有告诉我，我立刻把钱送给你，你还有我的名片吗？麻烦你记得介绍客户时，把你的名字写在我的名片上，这样我可立刻把钱寄给你。'有些介绍人，并无意赚取25美元的金额，坚决不收下这笔钱，因为他们认为收了钱心里会觉得不舒服，此时，我会送他们一份礼物或在好的饭店安排一餐免费的大餐。"

g. 从展示会和促销活动中发掘 展示会和促销活动是获取潜在客户的重要途径，事前你需要准备好收集客户的资料、客户的兴趣点以及现场解答客户的问题。同时，在展示会和促销活动中获得的潜在客户也是成功率比较高的潜在客户。

h. 从成交客户中挖掘 成交客户经过一段时间对产品的感受，对你的产品有了更深的认识，你可以登门拜访，赞同和欣赏他的感受。然后在适当时期望他把同样的产品推荐给他的亲戚和朋友。

③ 新媒体运营挖掘法 目前，大多数4S店有自己的网站和公众号，潜在客户浏览或查询时会留下个人的需求信息、信息推送地址甚至个人的联系方式，这些信息就是宝贵的客户线索资源。有的4S店还与一些知名的网站或网络平台建立合作关系，接受合作伙伴推送的客户线索信息，并设立专门岗位配置专门的人员进行跟踪处理。

新媒体运营是一种新的客户挖掘方式。4S店通过移动互联网手段，例如微信、公众号、微博、贴吧等新媒体平台，贴近社会和客户需求热点，迅速、精准推送4S店的卖点，切戳客户痛点，激发客户需求。通过新媒体平台，4S店一方面能够广泛传播自己的品牌和产品，另一方面可以在线上与客户进行互动，了解客户的需求甚至达成销售。

通过新媒体运营方式进行客户挖掘，具有广泛、快捷、精准、双向、高效和低成本的特点，成为4S店发展客户的重要方式，正在逐步颠覆传统的客户发展方式，值得4S店认真研究。对此，4S店要建立新媒体运营部门，配备专门的新媒体编辑及传播专员和新媒体营销专员，一方面需要确保传播内容的准确性和对客户的吸引力，提高传播内容的关注度，另一方面又要确保对客户咨询反应的及时性和信息推送的精准度，努力提高客户转化率。

2.2 管理有望客户

2.2.1 购买时间判断和有望客户识别

（1）判断客户购买能力

判断潜在客户的购买能力，有两个检查要点。

① 信用状况　可从职业、身份地位等收入来源的状况，判断是否有购买能力。

② 支付计划　可从客户期望一次付现，还是要求分期付款以及支付首期金额的多少等，判断客户的购买能力。

（2）准确判断客户购买欲望

判断客户购买欲望的大小，有五个检查要点。

① 对产品的关心程度　如对购买车辆的型号、颜色、配置、性能、油耗等的关心程度。

② 对购入的关心程度　如对购买合同是否仔细研读、要求解释或要求将合同条款增减等。

③ 是否能符合各项需求　如销售服务是否方便、零配件和维修费用是否合理、是否经常有客户关爱活动等。

④ 对产品是否信赖　如对车辆的安全性能是否满意、对产品的品牌和

产品质量是否认可等。

⑤ 对4S店是否有良好的印象　客户对销售人员印象的好坏左右着潜在客户的购买欲望。

（3）识别有望客户

通过对客户购买能力与购买欲望进行判断，一位有经验的销售顾问就能判断出客户大致的购买时间。因为这些潜在客户有可能成交，因而将能够估计购买时间的潜在客户称为有望客户。也有的4S店将留下联系方式的潜在客户视为有望客户。

为了将有望客户尽早转变为购买的客户，销售人员应采取如下的方法：尽可能频繁地前往访问、打电话联络宣传或寄书信联络。在大多数的4S店里，销售人员采用"客户信息卡"对有望客户进行跟踪管理。例如，销售人员根据客户可能的购买时间如立即购买、半个月内购买、一个月内购买、三个月内购买及对客户相关信息的了解程度将有望客户分为O级、H级、A级、B级、C级和N级。根据级别的不同，销售人员制定了不同的跟踪频率和跟踪计划，并将跟踪计划和跟踪情况记录在客户信息卡及客户信息管理系统中。有些4S店已经采用了CRM系统来记录有望客户以及对有望客户的跟踪情况，以加强对销售顾问记录和跟踪情况的管理，从而有效提高了销售的效率和减少了潜在客户资源的流失。

对有望客户进行分类，不但使销售人员易于决定对有望客户进行跟踪访问的顺序和频次，也使销售人员容易根据自己的历史成交率控制各级有望客户的数量以做到均衡化销售，使销售实绩不致发生大的起伏。经过分类与不断联系和分析后，那些完全没有希望成交的潜在客户应当及时从有望客户名单中清除。

2.2.2　有望客户缺口

保持一定数量的有望客户，将可能为销售人员带来稳定的销售业绩和信心。但保持的有望客户以多少为最适当？不同的销售顾问情况不同。例如，有两位销售顾问，他们的任务都是每月销售15台车，其中一位销售顾问有丰富的客户甄别能力和销售经验，可能他只需要50个有望客户；但另一位销售顾问缺乏经验，可能他需要100个有望客户。就完成销售任务而言，第一位销售顾问只要经常保持50个有望客户就可以了，但对于第二位销售顾问，他就要经常保持100个有望客户。所以，对于一个有稳定的有望客户数的销售顾问，他的有望客户缺口等于销售数量、战败客户数量和确定无望而放弃的客户数量的和。

销售顾问月有望客户缺口的计算公式为

有望客户缺口 = 月销售任务数/有望客户转化率 − 上月实际滚存的有望客户数量 + 期望存留至下月的有望客户数量

其中，"月销售任务数/有望客户转化率"是完成销售任务需要的有望客户数；"上月实际滚存的有望客户数量"为剔除战败客户和休眠客户之后的有望客户滚存数量；而"期望留存至下月的有望客户数量"是为了保持销售数量的稳定。

从理论上讲，如果销售顾问的月销售任务保持不变，其有望客户转化率也保持不变，并且他有一个稳定的有望客户数量，那么他的月有望客户缺口就等于他每月的销售任务数、战败客户数量和从有望客户池中清理出来的决定清除的休眠客户数量的和。月销售任务的变化和个人有望客户转化率的变化都将影响有望客户缺口的计算结果。

每个销售顾问的有望客户转化率可能不同，同一销售顾问在不同时期的有望客户转化率也可能不同。因此，在计算时建议以最近三个月的有望客户转化率的数据作为计算依据。

潜在客户发掘与有望客户管理顺序如图2-1所示。

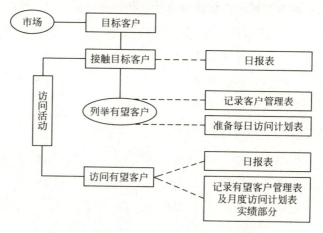

图2-1 潜在客户发掘与有望客户管理顺序

2.3 有望客户管理中的一些问题

一些4S店虽然制定了严格的客户管理制度，但展厅管理人员并不能有效地实施潜在客户和有望客户的管理。普遍存在的现象有如下几种。

（1）同事间的竞争导致潜在客户信息被截留

目前，大多数的4S店以销售台数计算销售顾问的报酬。由于销售顾问没有有效的自我开发潜在客户的方法和渠道，他们集客的方法大多依赖于进入展厅的客流和4S店的外拓活动产生的客流。销售顾问之间争客的结果以及4S店严格的客户跟踪违规处罚管理规定导致大家缺乏潜在客户信息交流，被登记在客流登记表和CRM系统中的客户只是那些被接待的且被销售顾问认为是没有希望的和没有进一步跟踪价值的客户，那些被认为有跟踪价值的客户都被销售顾问登记在自己的本子里。只有当这些有望客户转变为成交客户时，销售顾问才将有关客户信息登记到CRM里，并直接登记为O级客户。这种情形直接导致4S店无法了解和管理潜在客户转化为有望客户和有望客户转化为成交客户的情况，当然也不能管理销售顾问的销售效率以及对客户资源的利用率。此外，这种情形还可能导致销售人员离职时造成的潜在客户和有望客户的流失。

（2）对有望客户的跟踪没有计划和跟踪记录

销售顾问完全按照自己的感觉和喜好对潜在客户和有望客户进行访问，而不是事先安排访问的频次和策划访问的方案，访问后也没有登记访问情况。这种情形可能降低访问的效果，经常发生跟踪不及时或不恰当导致客户流失的情况。

（3）直接浪费潜在客户

在某汽车城内有一家4S店有很好的客流量，因此销售顾问对所有收集到的有望客户只保留一个星期。若一个星期内不能成交，销售顾问会将客户直接删除不再跟踪。这种做法白白浪费了大量的有望客户资源！

3

市场活动

4S店的市场营销活动通常包括市场推广活动、产品促销、品牌推广等线下活动和广告以及网络推广等线上活动。在这些活动中，有些是由厂家主导和推动的，特别是在市场和品牌推广方面的活动；有些是4S店出于自身集客和客户转化的要求，例如店面产品促销活动、厂家区域性大型展会、组织小型车展等。后者通常称为小型多样化活动。厂家主导的市场活动有统一的规划，本章将不予讨论。这里重点讨论由4S店自行规划和实施的市场活动。

3.1 市场活动的规划

在有些4S店，市场部被认为是一个只花钱而不创收的部门，市场部的任务是为了完成和配合厂家的市场推广任务。市场部员工的薪资为固定工资，与4S店的销售业绩没有关联。这种架构和薪资制度当然不能调动市场人员的积极性。实际上，4S店的市场活动是销售的一部分，其主要的目的是集客（把潜在客户吸引到4S店里来）、转化（取得一定数量的订单）或两者的综合。很难想象，如果4S店不做广告、不去开展外拓活动，而只是让销售人员在展厅等待前来的顾客，那么4S店销售的情况将会怎样？

4S店每年都在年初时制定年度市场活动计划和预算，预算的资金从几十万元到几百万元不等。活动的项目大多根据一年四季各种节日或习俗来安排和规划，活动内容应有尽有。笔者曾经问过不少4S店的市场部经理和总经理，为什么要安排这些活动，活动的规模和形式做了哪些考虑，活动的预算是如何估算的，总经理如何批准市场预算等问题，答案经常出乎笔者的意料。有些4S店根据前一年度的预算直接估算本年度的市场费用；也有些4S店根据厂家销售每台车辆的市场费来测算全年的市场费用。在确定市场费用之后，再根据费用的额度来安排市场活动和广告，随意性很大。安排和批准的随意性导致的结果就是计划执行的随意性也较大，这一点从4S店每月实施的市场推广和促销活动与年度计划没有关联关系的情况就可以看到。

正确的市场活动年度规划是从实现各个阶段的销售目标开始的。每年，4S店必须制定下一年度的销售目标，并将年度销售目标分解到各个月份。根据月度的销售目标，计算4S店所需的有望客户数量，并根据客户留档率计算所需的客流量。4S店客流的来源主要有以下几种类型：报纸、电视、电台、杂志、广告牌、网络、朋友介绍、路过、车展等。可见，除了朋友介绍和路过的客流外，其他客流量都要靠市场部的广告、推广活动和促销活动获得。根据4S店客流量的历史数据发布，能够估计必须通过市场活动获得的客流量。有经验的4S店根据以往的市场活动集客数据和目标客户群特征分析的结果，能够估计通过什么活动和活动规模、在哪里举办市场活动可以吸引多少有效的客流和获取多少有望客户、这些活动需要多少活动经费，以及什么样的集客活动才是最有效和最经济的。通过以上分析，4S店能够列出一个清单，什么月份需要投放什么广告，开展什么推广活动和促销活动，这些活动要达到什么具体的集客和成交的目标，以及各个活动需要多少经费预算。对这个清单略加调整，就可以形成4S店的年度市场活动计划。当然，这个计划要根据每月销售任务和实际的销售执行情况进行调整。

市场活动开展的内容、规模和预算完全取决于活动的具体目标，例如集客量、成交台数和集客成本的控制。而活动的场所和形式则要根据目标客户特征分析的结果安排，以期市场活动能够有效吸引到期望的潜在客户和形成有效的客流。

3.2 建立竞争情报系统

4S店在进行市场活动规划时必须掌握竞争者的情报信息。一份自以为策划良好的活动规划可能在竞争对手更好的规划和策略面前一文不值，因此收集和应用竞争对手的情报至关重要。

但是，收集竞争信息并不是一个随机偶得的过程。相反，4S店应该设计和建立自己的竞争情报收集系统来使对竞争信息的收集有效化和持续化。4S店的每个员工不仅要了解客户的需求并尽力使他们满意，而且有责任收集竞争对手的信息并及时传递给相关部门。有些4S店将收集竞争对手的信息写进销售顾问的岗位职责，明确每个销售顾问收集竞争对手信息的频次和收集信息的范围。

4S店建立竞争情报系统通常有以下四个步骤。

① 建立组织　4S店经常指定专门的人员例如市场部经理来管理竞争情报系统，并指定跨部门人员组成专门小组。

② 收集信息　明确哪些机构是竞争对手；明确哪些竞争情报为有用的情报，并识别这些情报的最佳来源；落实收集情报的责任。竞争对手的资料数据可能来自实地调研、新招聘和录用的从竞争对手处来的雇员、与竞争对手有接触的顾客、直接对竞争对手的监视或通过观察、分析竞争对手的实物证据和公开资料等。

③ 评估和分析　通过评估和分析，检查所收集到信息的有效性和可靠性，并给予解释和适当整理。

④ 传播和反应　将信息传递给有关决策人员。

通过这个情报系统，4S店可以及时地收集到竞争对手的布告、营销策略和营销动态、促销政策和手段，了解竞争对手突然行动的原因，了解竞争对手的优势和劣势，以及竞争对手对本机构行动产生的反应。

对于那些尚没有能力建立完整竞争情报部门的4S店，可行的办法是指派专门的人员负责对特定竞争对手进行监视。

竞争对手的有些重要情报信息可能导致4S店采取市场行动，或在开展的市场活动中采取某些针对性的策略，更加常见的情况是4S店根据竞争对手的信息及时制定或调整销售人员的话术。

3.3　过程控制是市场活动成功的关键

在一些4S店，市场部在制定市场活动的方案以及进行活动的前期准备时，销售部门并没有参与，这就为活动的失败埋下了伏笔。

在市场活动的过程中，与顾客接触的人员主要是销售部门的人员。除活动前的造势外，活动的实施、与顾客的接触都要由销售人员来执行。所以销售部门参与活动方案的制定，可以使活动方案更加周详和更具备可执行性。

活动的前期工作包括活动目标的确定、活动方案的策划、人员的分工、物料准备、场地布置、客户邀约、广告宣传等。其中对客户邀约的有效数量和接待安排将成为活动成功的关键。根据活动目的和目标的不同，客户邀约的范围和规模也有所不同。对于车展或外拓活动，活动前的广告和活动中的客流量控制至关重要。

一些4S店把在活动中获取有望客户数量的目标落实到参加活动的销售顾问身上。销售顾问在现场获取的有望客户名单经现场管理人员确认后，当天录入CRM系统。在活动现场，管理人员要及时跟踪活动目标的落实程度，及时调整活动的节奏，确保集客任务的完成。

市场活动的过程控制内容包括以下四个方面。

① 方案控制　活动目标的设定、活动时机的把握、活动的对象和规模、活动对象获得的方案、活动内容的设计、活动方式的确定、活动流程和控制点的设计、活动的组织和职责安排、活动方案的评审和确认、活动的预算、风险评估和应急方案。

② 准备过程控制　前期准备如场地、物料、礼品、工具和广告等工作的布置、落实和检查；客户邀约任务的布置、落实和跟踪；活动过程的人员组织和职责安排；活动方案和活动要点的说明与交底；必要的人员技能培训和过程演练等。

③ 活动过程控制　及时检讨活动的情况，如人流、接待、集客和成交进度等，必要时可临时调整活动方案，以实现活动目标。

④ 活动后的总结　总结的内容包括目标的实现程度、方案本身、准备工作、活动过程控制情况、经费控制等，目的在于及时总结经验，为下次活动的策划和执行提供经验和教训。

3.4 示例：某4S店的市场推广管理程序

市场推广管理程序

1. 目的

管理市场推广管理过程，提高市场推广管理活动的有效性。

2. 适用范围

本程序适用于本公司对市场推广活动的管理。

3. 职责

① 市场总监负责市场推广活动的总体策划和实施的协调与控制，批准市场推广活动方案。

② 市场经理负责活动市场推广活动方案的起草、实施和过程控制。

4. 操作准则

（1）市场调查与分析：详见《市场调查控制程序》和《数据分析管理程序》。

（2）市场推广活动规划：市场总监根据市场调查和分析结果，结合公司的销售目标以及对客流缺口的测算，规划全年的市场推广活动计划。

（3）制定活动方案。

① 市场经理依据市场推广活动计划确定的市场推广活动及组合的活动包制定次月市场推广计划和活动方案。活动方案的要求、内容和格式见《活动策划方案》。

② 制定活动方案时必须设定具体的评估指标。

③ 设定市场推广活动目标时要根据RSE（Retail Sales Excellence）的经验及以往市场活动所积累的经验值来推算与预测，以确定活动的规模、方式和预算。

④ 每月20日前，市场总监必须将下月的市场计划报总经理审批。

在总经理批准后，报区域经理审批，以便获得支持。

（4）活动准备和执行。

① 市场总监在市场推广活动前，应估算活动必需的准备时间，并提前召开跨部门准备会议，沟通有关事宜，把准备的任务落实到相关部门和人员。

② 各相关责任部门要严格按照执行方案进行活动的准备，及时发现并解决所遇到的问题。

③ 在活动前至少2天，市场总监应根据活动准备会议确定的准备事项对各部门的准备情况逐项检查，确定准备就绪程度。对没有按期完成准备的部门和个人责令按期完成。对检查中发现的问题及时采取措施。如必要，准备期间可进行活动预演（包括应急预案），对发现的漏洞在活动前予以改进。在活动的前1天，市场总监应对活动现场、活动物料、客户邀约结果等进行最后的确认，并应保存检查的记录。

④ 必要时，市场总监应联合销售部门对参加活动的人员进行活动过程和话术的培训，确保活动过程能够按计划进行。

⑤ 在活动实施过程中，市场经理应密切注意每个小组的工作状况，如必要，可根据执行方案及时调整活动进程，以达成活动的目标。

⑥ 市场经理应对活动现场数据/信息的收集进行随机核查，确保及时、准确、有效。销售人员应在活动当天返回公司，把在现场收集的潜客名单录入CRM系统，不允许将客户名单带回家。活动结束后，销售部必须将活动中成交的客户和收集的有望客户名单提交市场部总结和备案。

（5）评价总结及成功经验积累。

① 市场推广活动结束后，市场总监应及时完整准确地收集相关的数据、信息和证据，对活动的策划、准备、实施过程、实施过程控制、活动成本和效果以及每个具体目标进行分析，寻找差距，分析根本原因，并编写活动效果评估报告。

② 活动结束后的3天内，市场总监应召集有关人员进行活动总结，总结经验，表扬活动执行到位的人员，分析不足及其原因，并将总结报告上报总经理。对于大型的市场推广活动的总结，由总经理亲自主持。

（6）对市场推广活动中获取的有望客户，由对应的销售顾问跟进，销售经理负责检查。

（7）每月5日前，市场总监应将上月市场推广活动的总结和活动证据汇总上报区域经理核销。

5.相关文件

（1）《数据分析管理程序》。

（2）《市场调查控制程序》。

6.记录

（1）《活动策划方案》。

（2）《活动效果评估表》。

4

洞察客户需求

识别客户需求是销售过程的一个重要步骤。销售人员对客户需求的识别越充分、越准确，对客户就越了解，销售成功的可能性就越大。所以说，成功了解客户的需求就等于销售已经成功了一半。然而，客户的需求往往是模糊的，他并不能确切地告诉销售顾问他需要什么车型、什么配置，也不知道什么才是对他最合适的，所以洞察客户需求就成为销售顾问在销售过程中的重要任务。

4.1　做顾客的"购车参谋"

目前绝大多数4S店把汽车的销售人员称为"销售顾问"，把售后服务的接车人员称为"服务顾问"，渐渐地"销售顾问"和"服务顾问"成了一种社会职业，它们分别成为销售人员和服务人员的代名词。顾问就是利用自己在某个方面的专业知识向别人提供咨询的人。换言之，顾问是一个被动的角色，其作用是在别人有疑问时向有疑问的人提供知识或资讯。可见，当顾问担负销售的任务时，他自然难以让顾客感觉其提供的知识或意见是站在顾客的角度上的。所以，销售顾问和服务顾问的称谓并不能剥离传统的"推式"销售的概念。

"参谋"是指代别人出主意的人，角度与"顾问"明显不同。"购车参谋"就是为前来买车的顾客出主意的人，如果用这个称谓来称呼销售人员，则十分符合"拉式"销售的概念。

"拉式"销售是一种新的营销方式，有别于传统的正向压迫式的销售，在这种销售方式中，销售人员向有购买欲望的顾客提供有关商品资讯，并提供必要的商品使用的体验和帮助，让顾客深入了解商品，并使顾客能够在轻松的购物环境中自愿做出购买的选择。这种"欲擒故纵"的销售方式正在很多高值的商品销售中使用，效果明显。

汽车是一种既高值又复杂的商品，不仅涉及性能和外观，还涉及安全和顾客的心理需求。几乎每一个购买汽车的顾客都要经历一个复杂的比较和选择的过程。此时，顾客需要的不是一个只能把商品推销给他的人，而是一个能够帮助其厘清需求、提供专业资讯、进行比较并帮助其做出"正确"决定的有专业知识的人,这个人就是一个"参谋"的角色。

做一个顾客的"购车参谋"并不是一件容易的事情。首先他必须获得顾客的信任。这就要求销售顾问必须有良好的服务心态和沟通能力。只有让顾客感觉到你是真心地站在他的角度提供资讯和思考问题,他才会"真心诚意"地接受你的服务,向你提供真实的需求信息。其次是要有耐心。顾客做出选择往往是一个漫长的过程,销售顾问的任何急切的举动都将使顾客认识你的功利心理和怀疑你所提供资讯的目的性和充分性,从而削弱你"参谋"的效果。再次是要具备专业的汽车产品知识和充分了解相关竞品的信息,只有如此,才能为顾客提供最佳的需求匹配,让顾客相信他所接受的是权威的参谋服务。

有些销售顾问担心顾客在了解太多的专业知识后会转向购买其他品牌的产品。其实这是销售顾问对自己经销的品牌产品认识不深或缺乏信心。只有让客户非常清晰自己的需要并提供相匹配的产品,才能确保顾客的长久满意,并为你带来回头客。

4.2 洞察和厘清客户需求

开展参谋服务的难点是充分和准确地了解顾客的需求。在一般情况下,销售顾问可以通过专业化的问题,根据客户回答所透露的信息,将客户本来模糊的需求显性化并分析整理出来,根据客户需求的分析结果为客户提供车型、颜色、配置、付款方式等解决方案。

(1)问题表的设计与应用

问题表是销售顾问询问顾客的专业问题清单。问题表不但能够帮助销售顾问准确完成与顾客的沟通任务,还能够帮助销售顾问记录和整理顾客的需求消息,从而充分了解顾客的需求。此外,问题表的使用还有助于销售顾问展示专业的形象。

为更好地和更快速地完成询问任务,在问题表设计时应考虑问题的目标、顺序和了解的深度,并预留记录的空白。

询问的问题可以包括以下几项。

① 顾客的主要个人信息，如年龄范围、工作性质、收入范围等。

② 购车的目的、车的用途。

③ 主要用于市内还是长途？

④ 是家庭使用、代步或者是商务使用？

⑤ 是否有感兴趣的品牌？看过别的什么品牌吗？

⑥ 如主要是家庭使用，有多少家庭成员？

⑦ 是否需要经常在车上搭载其他物品？

⑧ 购车的预算在什么范围？

⑨ 有没有感兴趣的车型？

⑩ 对安全性能和配置有什么要求？

⑪ 对驾驶性能有什么要求？

⑫ 喜欢什么颜色？

⑬ 对车内的装饰和配置有什么要求？

⑭ 是否有驾驶经验？

⑮ 是否有车需要更新？

⑯ 对本品牌什么车型感兴趣？

⑰ 准备一次性付款还是需要分期付款？

⑱ 对汽车有研究吗？

⑲ 平时主要有什么爱好和业余活动？

……

连续发问容易让客户产生压力。因此，销售顾问需要有技巧地去询问问题，并掌握好双方沟通的节奏，最好以问两个问题后停顿一下，在中间对客户的回答给予一些认同和赞美或是进行一些商品介绍以调节调查问询的节奏，千万不可摆出打破砂锅问到底的架势。

每个问题答案的背后都可能隐藏着顾客的需求。通过顾客需求访谈记录表的设计和运用，从顾客的回答中梳理出顾客的需求，直到最后能够整理出最适合顾客的车型及其配置。

顾客需求访谈记录表示例如表4-1所示。

4 洞察客户需求

表4-1 顾客需求访谈记录表

顾客姓名		性别		年龄	
工作性质		收入范围		联系电话	
家庭成员		业余爱好		性格特点	
序号	问题			记录	
1	车辆的主要用途是什么?				
2	主要是用于市内还是长途?				
3	对排量和动力有什么要求?				
4	预算用多少钱购车?				
5	喜欢什么颜色?				
6	希望什么时候用车?				
7					
8					
9					
10					
11					
12					
…					
顾客需求分析					
1	车辆用途:(如个人、商务、政府等)		6	操控性和动力性要求:	
2	计划用车时间:		7	舒适性:	
3	购车预算:		8	经济性:	
4	排量、变速箱、配置和颜色要求:		9	美观要求:	
5	安全性:		10	付款方式:	
推荐车型					
序号	车型	颜色		配置	
1					
2					

销售顾问:　　　　　　　　　　　　　　　　　　访谈日期:

(2)顾客需求调查时机

顾客需求调查可以在顾客进店后的任何时间进行,只要顾客表示愿意交谈。例如,在顾客进店时主动询问顾客:"我有什么可以帮到您吗?"又如,顾客在自己看车的过程中,销售顾问应站在离顾客的不远处,细心观察顾客的表情和肢体动作变化,千万不能迫不及待和给顾客造成压迫感。

有时,顾客对销售顾问进行沟通的要求不予搭理,或者表示要自己再看看。销售顾问一定要给顾客自己看和思考的空间,把顾客的反应视为正常,并保持微笑,以寻找机会点再切入。当顾客在某款车型前驻足或表现对什么感兴趣时,销售顾问可以及时上前为其介绍,进而亲近顾客,通过专业的产品介绍和对顾客的礼貌交谈放松顾客的情绪,并逐步去除其戒备心理,以达到顾客愿意坐下来沟通的目的。

(3)需求引导

除非有一定驾龄,一般的顾客在一开始的时候对自己的需求往往是模糊的,因此,在显化顾客的需求过程中,要逐步将本品牌车型和性能特点不断地介绍给顾客,将本品牌车系的特点和配置不断地与顾客不太清晰的需求进行匹配,换句话说,要让顾客的需求最终能够在你所经销的品牌车型中找到匹配的产品,从而使顾客觉得他的需求能够得到满足,使你向顾客推荐本品牌车型时顺理成章、水到渠成。

如果顾客是一位有一定驾驶经验的老司机,他可能直接了解你的车型是否有他感兴趣的配置,是否具备他所期望的操控性能和安全性能等。对于这类顾客,销售顾问必须赞美顾客为行家、具有独到的眼光和判断,然后再向他介绍产品。如果需要向他推荐替代他的需求和优于他所需求的产品,必须将替代点讲得透彻,以求将顾客的需求转移到你的产品上来,使他对选择你的产品成为他自己的决定,千万不能把你的产品"塞"给他。

(4)显化产品亮点

将产品的亮点显化,可以刺激顾客的需求和购买欲。有些4S店直接在展车上用精美的卡片将各个亮点的位置和名称直观地标示出来,让顾客对展车的亮点一目了然,增强顾客对展车及其优点进一步了解的欲望。在此基础上,如果销售顾问能够再详细介绍,顾客购买和拥有的欲望会更加强烈。

有的4S店要求销售顾问采用FAB方法对产品的亮点进行介绍以增强介绍的效果,以求顾客认同展车的亮点。FAB是Feature(功能特点)、Advantage(优点)、Benefit(好处)的缩写。应用FAB方法,就是要求销售顾问在介绍展车亮点时要从配置和功能特点出发，介绍对比的优点和给顾客带来的好处。

例如，对于涡轮增压发动机配置的介绍，一般的说词是：这种车型的发动机是涡轮增压的。FAB说词是：因为这种车型配置了涡轮增压的发动机，这种高技术的发动机过去只有在宝马、奔驰等高品位的车上才配置；配置了涡轮增压的发动机，使这种车虽然排量只有1.8升，但却具有2.3升排量的动力，使您驾驶起来更加舒适和操控自如，有更好的驾驶体验和驾驶乐趣；涡轮增压的发动机同时还具有在高速行驶时特别省油的特点，跟同样动力的同类车相比，这种车型在高速行驶时油耗低20%~30%，因此驾驶这种车可以让您在获得驾驶乐趣的同时节省油费开支。

又如，对于太阳能智能天窗的介绍，一般的说词是：这种车型配备了太阳能智能天窗。FAB说词是：这种车型由于配备了太阳能智能天窗，当车停留在太阳底下车内温度高于35℃时，太阳能智能天窗自动启动，利用太阳能通风系统给车内降温，使车内温度保持在35℃以下，免除车主在夏天室外停车后打开车门受热浪冲击和进入驾驶室后受热气煎熬的不快，这种配置既能使您用车愉快，又不多花费用，还能保护您的健康，这种技术是本品牌专利，其他车型目前是没有这种配备的。

对产品亮点能给顾客带来的利益解释得越透彻，给顾客的现场展示和体验越充分，就越能激发顾客对拥有此车的渴求和欲望。例如，有些斯柯达4S店直接把多种晶锐的竞争品牌车型一起陈列，同时拆去前后盖进行保险杠等安全构造的对比，通过销售顾问的现场讲解，大大彰显了晶锐的安全亮点，增强了顾客购买晶锐的信心，效果十分显著。

5

销售过程及效率

5 销售过程及效率

销售过程是4S店销售的核心业务流程,一般认为销售过程包括销售准备、顾客接待、顾客需求分析、产品介绍、顾客体验(试乘试驾)、客户跟踪、洽谈成交、新车交车和交车后的跟踪服务等环节,销售服务质量和销售过程效率也由这些环节的质量和效率所组成。目前,绝大多数4S店都已经制定了详细的销售服务流程,不管这些流程的文本来自于厂家或者由4S店自己制定,不可忽视的是,目前大多4S店都在强调对标准的执行,而对如何评价执行的结果以及如何评价获得结果所付出的代价即销售资源的有效利用率却关注甚少。本章重点叙述销售过程中的客户跟踪、客户管理、销售过程效率和客户资源的利用。

5.1 顾客的跟踪与管理

(1)顾客分级

4S店根据客户购车的预计时间对有望客户分级,能够帮助销售顾问区别对待和管理有望客户,提高销售过程效率。销售顾问通过对顾客信息的登记和对顾客需求的识别,分析和判断顾客购车的时间计划,并以此为依据安排自己的时间资源和顾客跟进计划,根据顾客的情况实施有区别的顾客跟踪工作。

一些品牌的4S店将顾客分为O级、H级、A级、B级、C级和N级。其中O级顾客指首次接触即下订单的顾客;H级和A级顾客指计划在半个月内购车的顾客;B级顾客指计划在半个月到1个月内购车的顾客;C级指计划在1个月到3个月内购车的顾客;N级顾客指计划在3个月后购车的顾客。H级和A级顾客都为半个月内购车的顾客,两种的区别是:被列为H级的顾客,销售顾问对其需求已经完全清楚和确定,例如对顾客现有交通工具及其处置的需求,顾客购买车辆用途的详细要求,顾客考虑其他竞争品牌的车型及其配置的情况,对计划购买车型的内饰及加装需求,计划用车时间和购车的预算等需求信息已完全清楚的列为H级顾客;对那些明确在半月内购车但对其他需求还没有完全了解的顾客则列为A级顾客。

（2）顾客跟踪

对顾客进行分级的目的在于对顾客进行有区别的跟踪和管理。对于H级和A级的顾客，销售顾问要抓紧沟通，尽快解除顾客的疑虑，促成顾客购买。而对于B级和C级顾客，销售顾问要在适当的时间间隔进行跟踪，及时了解顾客的购车计划变化，与顾客建立稳定的咨询和顾问关系，并促进顾客转化为H级和A级顾客。销售顾问跟踪顾客必须讲究节奏，既要及时了解顾客动态和思想变化，又不能给顾客造成压力和反感，以防顾客中途流失。一般情况下，对H级顾客的跟踪周期为1天，对A级顾客的跟踪周期为3天，对B级顾客的跟踪周期为7～15天，对C级顾客的跟踪周期为15～30天。销售顾问要根据有望客户的分级情况安排每天的顾客跟踪和设计跟踪沟通的内容，一是让自己的工作有条不紊，工作时间得到充分利用和合理安排，二是确保对顾客的跟踪没有疏漏。

在开展顾客跟踪工作中，另一个要注意的问题是，每次与顾客的跟踪和沟通必须先制定沟通的内容，让顾客感觉每次沟通都有价值或收益，并能够感觉销售顾问对他的关注和帮助，从而使他有继续保持与你沟通的愿意。一般，顾客跟踪的内容有：活动邀约、车辆介绍、试乘试驾、预约来店、价格谈判、旧车评估、旧车收购、签订合同、预约交款、预约交车、成交促进、优惠政策、促销方案、展厅活动等，跟踪的方式可以是邀约到店、主动拜访、电话、短信、参与活动现场等。

（3）顾客跟踪记录的建立

在一些4S店，销售顾问对顾客跟踪的情况被记录在"客户洽谈卡"上，这些记录由销售顾问个人保管，展厅经理定期检查销售顾问记录填写的情况；也有一些4S店采用CRM系统，要求销售顾问事后将对顾客的跟踪情况在系统上录入；一些4S店还没有要求销售顾问记录客户跟踪信息，销售顾问于是把认为有价值的信息记录在自己的本子里。

前两种情况使顾客跟踪工作有据可查，有利于对销售顾问顾客跟踪工作的评价，也有利于销售顾问在离职或者工作变动时的工作交接和防止有望客户流失，第三种情况是不提倡的。

以上三种情况都有一个共同点，那就是对顾客跟踪信息的记录都是事后的行为。事后行为都有相同的弊端：一是记录具有回忆性，销售顾问根据自己对过程的回忆记录跟踪情况，记录的结果可能产生变形、遗漏甚至错位，特别是在联系接待多个顾客之后才进行的记录，这时记录的真实性就值得质疑；二是浪费时间，很多销售顾问不愿意做记录，其实他们并没有主观隐瞒顾客信息的意识，而是大量的记录耗费了他们大量的时间。不少销售顾问抱怨每天下班后还要填写大量的记录和将顾客的信息登入CRM系统，其实问题就在记录不是在工作时同步产生的。

在制造业，要求生产过程的记录必须实时，以保证记录数据的真实性和可控制性。其实对销售过程和跟踪过程的记录也是一样的。如果销售顾问在进行顾客沟通的同时就做记录并整理顾客信息和需求信息，在进行电话沟通时利用规范统一的记录表格记录，当沟通完成时，一份真实完整的过程记录就产生了，它既不需要花费额外的时间，记录的内容也真实可靠。因此，应该提倡客户跟踪记录在跟踪过程中实时完成。

5.2 销售过程效率指标及其分析

多数4S店对展厅经理和销售顾问的考核都以销量和已成交客户的满意度为考核指标，只有那些关心成本并已导入精细化管理的4S店才会关注他们的销售过程效率，即为了实现销售任务而消耗了多少客户资源和成本。

事实上，通过对销售过程各个环节资源利用率的统计分析，不仅能够对展厅经理和销售顾问的销售过程效率进行考核，还能够帮助销售顾问及时发现各个销售环节出现的异常情况和问题；通过分析发生问题的原因，能够帮助展厅经理和销售顾问改进销售过程的不足。

① 客流量和集客单价　客流量是指每天到达展厅的顾客数量，反映市场推广、促销和广告等市场活动的效果。集客单价是市场活动费用与在市场活动影响有效期内客流量增加数量的比值，反映市场推广费用的使用效率。一般而言，4S店所需的客流量是依据销售数量的要求确定的，如果4S店日常的正常客流量不能达到要求，就必须通过市场外拓及推广活动或者广告吸引客户来满足。如果市场推广部门没有策划和实施必要的市场活

动或者市场活动实施后不能获得需要的客流量,则说明市场部门没有有效履行职责或者所策划的市场活动没有达到预定的效果。同样,如果集客单价高于设定值或者正常水平,说明市场费用的使用效率低,应对市场活动或投放媒体广告方案进行检讨。此外,客流的质量可以通过留档客户信息符合目标客户群特征的程度来评估。

② 有望客户获取率　展厅的有望客户获取率是获得的有望客户数量与同时期进入展厅的客流量的比值,有的4S店将这个比值称为客户留档率。销售顾问个人的有望客户获取率指销售顾问个人获得的有望客户数与同时期接待的新顾客的数量的比值。有望客户获取率反映了展厅和销售顾问利用展厅客流资源的效率。

如果有望客户获取率低,说明销售人员接待不力和浪费客流资源。销售顾问要获得相同数量的有望客户,可以通过增加展厅客流数量获得,也可以通过提高有望客户获取率来获得。

③ 有望客户跟踪率　这是销售顾问在规定期限内有效跟踪有望客户次数与该周期内根据有望客户情况应安排的跟踪次数总量的比值,反映了销售顾问跟踪客户的积极程度。在试乘试驾率正常的情况下,如果有望客户跟踪率正常但有望客户的再回展厅率、成交率或转化率低,说明销售顾问对有望客户跟踪的策略、方法或技巧出现了问题。

④ 试乘试驾率　这是已进行试乘试驾的有望客户数与同时期有望客户总数量的比值,反映了销售顾问安排有望客户体验其感兴趣车型的积极程度。

⑤ 试乘试驾成功率　这是通过试乘试驾认同所试乘试驾车型的客户数与试乘试驾客户数的比值。试乘试驾成功率是反映试乘试驾专员或销售顾问对试乘试驾车及其亮点展示和介绍技巧的指标。顾客成功的试乘试驾经历对成交有明显的促进作用,而失败的试乘试驾经历会严重影响客户的认同和购买欲望,甚至会造成客户流失。

⑥ 有望客户转化率或成交率　这是签订订单或开票交车的客户数量与同时期有望客户总数的比值,直接反映展厅和销售顾问的销售过程效率,是有望客户跟踪率、试乘试驾率、试乘试驾成功率、销售顾问销售过程和技巧的叠加结果。

有望客户成交率高,反映销售顾问在销售过程的各个环节都有较好的表现；相反，就必须通过检讨有望客户跟踪率、试乘试驾率、试乘试驾成功率以及客户沟通和接待技巧等寻找问题所在。

⑦ 有望客户战败率　这是战败客户数量与同时期有望客户总数的比值。有望客户战败率高，说明有望客户资源的利用率低，要寻找战败的原因，减少有望客户的流失。值得一提的是，有些4S店不允许客户战败，即使客户已经购买了其他品牌的产品，这些4S店的理念是通过后续的跟踪使客户感动，从而争取转介绍的机会。

⑧ 合同转化率　这是从订单数转化为开票交车数的比值，反映了订单客户退单的情况。当合同转化率出现异常时，往往表示4S店的销售配套服务例如车辆库存、采购、订单后跟进等环节出现了问题，也有可能客户在等待期出现意外状况或受到其他品牌的诱惑。

通过对以上销售过程指标的跟踪和分析，4S店能够及时发现销售过程中各个环节存在的问题，并通过数据帮助展厅和销售顾问及时认识销售过程的问题及其症结所在和必须改进的方面，为4S店的管理者对展厅和销售顾问实施有效监督提供了客观和有效的工具。同时，由于这些概念反映了展厅和销售顾问对客户资源的有效利用或浪费的情况，因而也适用于对展厅和每一个销售顾问的销售过程效率和服务水平进行客观评价。

6

销售服务标准化流程示例

××汽车销售有限公司销售服务管理程序

1. 目的

规范销售过程,提高销售人员的销售能力,完成公司的零售目标,提高客户满意度。

2. 适用范围

销售部展厅销售工作。

3. 职责

① 销售总监负责确保本程序完善、正确、持续地运行。

② 销售顾问负责本程序的执行。

③ 销售内勤人员负责销售后勤支持工作。

④ 零售经理负责本程序执行的指导和过程监视、改进。

4. 操作准则

1)接待前的准备

(1)展厅人员仪容仪表。

① 规范和监视销售过程,提高销售人员的销售能力,完成公司的零售目标,提高客户满意度。

a. 头发需要精心梳理,不染色。

b. 手和指甲要保持清洁,指甲要修剪整齐。

c. 皮鞋擦拭干净明亮,袜子颜色与衣服和肤色协调。

d. 男士皮带不宜太夸张。

e. 女士化妆要自然淡雅,避免浓妆艳抹。

f. 避免产生让人不悦的气味,包括体味、汗味和口臭。

② 基本礼仪。

a. 站立姿势。

ⓐ 站着与客户商谈时,两脚平行打开,间隔10厘米左右。这种姿势不易疲劳,同时头部前后摆动时较易保持平衡,气氛也能较缓和。

ⓑ 双手握于小腹前,视线可维持较水平略高的幅度,神态安详稳定。

b. 入座姿势。

ⓐ 从椅子的左侧入座,上身不要靠着椅背,微微前倾,双手轻握于腿上或两手分开放于膝上,双脚的脚跟靠拢,膝盖可分开一个拳头宽,平行放置,若是坐在较软的沙发上,应坐在沙发的前端,如果往

后仰则容易显得对客户不尊重。

ⓑ 会议室的入座一般没有固定的常规可循。因此，当客户进来时站立起来，遵循客户的指示入座。

c.视线落点。平常面对面交谈，当双方说话时，视线落在对方的鼻尖，偶尔可注视对方的双目，当诚心诚意想要恳请对方时，双眼可注视对方的双目，虽然双目一直望着对方的眼睛能表现您的热心，但也较易出现针锋相对的情景。

d.握手礼仪。

ⓐ 迎接客户的同时伸出自己的手，身体略微前倾，看着客户的眼睛。

ⓑ 握手需要握实，摇动的幅度不要太大。

e.微笑。

ⓐ 人与人相识第一印象往往是在前几秒形成的，而要改变它确需付出很长时间的努力。

ⓑ 良好的第一印象来源于人的仪表谈吐，但更重要的是取决于他的表情。微笑则是表情中最能赋予人好感，增加友善和沟通，愉悦心情的表现方式。一个对你微笑的人，必能体现出他的热情、修养和魅力，从而得到他人的信任和尊重。

f.个人素养。

ⓐ 为提高自身的综合知识和能力，在与客户的交往中能自然地找到共同话题，从而接触交谈和成为朋友，建议销售人员要有一两项个人爱好。

男销售顾问可适当关注体育、旅游、财经等方面的信息。

女销售顾问可适当关注化妆、美容、旅游等方面的信息。

针对男性顾客，销售顾问可适当关注体育、旅游、财经等方面的信息。

针对女性顾客，销售顾问可适当关注化妆、美容、旅游等方面的信息。

ⓑ 汽车永远是共同的话题，销售顾问需要展现给顾客的是一种专业的形象，因此要对汽车的基本构造和原理有所掌握；对最新的各品牌车及车型的发展、信息有所了解；熟知汽车常用术语并能用通俗的语言表达。

g.产品专业知识。

ⓐ 掌握厂家培训所要求的全部内容,对品牌的悠久历史、品牌定位和市场表现有所了解,并能用生动的语言加以描述。

ⓑ 精通品牌各种车型的特点和配备,熟练运用销售术语。

ⓒ 熟悉竞争对手的品牌和产品,能够进行比较客观的产品比较。

ⓓ 对置换销售业务的基本内容及销售服务方式的要求熟悉,并能用通俗的语言清晰地表达,如置换销售流程和相关业务内容、置换销售可采取的付款方式等。

h.每天晨会,展厅经理必须对展厅人员的仪容仪表和精神状态是否符合要求进行检查和确认。

(2)展车的维护和清洁。

① 展车的摆放。

a.展车应达到展厅设计图纸数量要求,并尽可能款式齐全。

b.展车摆放时应考虑到颜色和主题层次(如促销车、热卖车型)。

c.主展台上建议摆放主推车型中的最高配置。

d.在最靠近品牌附件的销售区展台,建议摆放用于品牌附件销售的实车。

e.展车摆放的位置应按展厅设计图纸位置摆放。

f.展车内不得有其他品牌的轿车和附件以及宣传物品。

② 展车外部。

a.展车应除去新车油漆保护膜。

b.展车表面应做到远看无灰尘、近看无手印。

c.展车表面应无灰,且上轮胎光滑剂。

d.展车门锁和行李厢盖应保持开启状态,方便顾客参观。

e.展车前窗应全部放下,配备天窗的车型应打开遮阳内饰板,且天窗斜开。

f.确保电瓶有电。

g.展车轮毂品牌标志应该向上。

h.展车应使用厂家汽车统一指定的车垫。

i.展车前、后车牌位置应放置标准车牌型号标牌,并在车旁放置配置表立牌。

③ 展车内部。

a.展车应除去新车座椅保护套。

b.展车应使用厂家统一指定的展车脚垫。

c.展车内部禁止吸烟。

d.校准展车内时钟。

e.将收音机调到当地常用、清晰的MF频道,音量适中。

f.为展车CD准备3组风格不同的音乐光盘。

g.展车中除了装潢之外不能有其他附加物。

h.方向盘调整至最短(最靠近仪表板),高度调整到最高位置。

i.确认前排座椅靠背都调整到与B柱平行。

j.座椅的高度调整至最低的水平。

k.展车附件齐全,天线、点烟器和烟灰缸等必须安装到位,处于可能销售的状态。

④每天晨会前,零售经理必须对展车的准备状态进行检查和确认。

(3)展厅销售氛围营造。

良好的氛围使经销商展厅与众不同,更能激发顾客的购买欲望。

a.展厅绿化。

b.用户休息区域。

c.吧台和咖啡角。

d.选择以轻音乐为主的背景音乐,音量以不打扰顾客看车和交谈为宜。

(4)销售工具准备。

每天晨会前,销售顾问应准备好如下销售工具。

a.计算器。

b.便笺纸。

c.笔。

d.最新的本品牌产品的媒体正面报道。

e.产品单页。

f.名片。

g.报价单。

h.签约合同书。

i.保险相关资料。

j.按揭相关资料。

k.置换销售的宣传材料及服务内容和相关文件。

l.检查CRM工具的所有功能是否处于良好可用的状态。

m. 检查步话机频道是否一致，耳麦是否可用。

n. 每个销售顾问电话座机都有相互转接功能。

2）客户接待

（1）当顾客接近展厅时。

① 值班保安人员着标准制服，对顾客敬礼致意。

② 保安人员用步话机通知销售顾问准备迎接。

③ 保安人员以标准动作指引顾客去展厅。

④ 当顾客开车来店时，保安人员主动引导顾客进入顾客停车位。

（2）当顾客进入展厅时。

① 展厅经理应安排一名销售顾问在接待台后待命。

② 顾客进入展厅前，销售顾问应主动到展厅门外迎接，如顾客开车前来，销售顾问应帮助顾客打开车门。

③ 若雨天或酷暑时顾客前来，销售顾问应主动拿伞出门迎接。

④ 销售顾问出门时，应通过步话机通知展厅经理安排其他销售顾问及时补位。

⑤ 若销售顾问都在忙，展厅经理应亲自补位。

⑥ 若展厅经理也忙碌，展厅服务员应上前补位，此时如有顾客前来，展厅服务员应引导其在特别展示区稍坐片刻，并奉上茶水，表示歉意，请顾客稍等，并通过步话机向展厅经理汇报顾客情况，请展厅经理尽快安排接待。

⑦ 销售顾问应抬手开启自动门，引导顾客进入展厅。

⑧ 补位后的销售顾问或展厅服务员应点头、微笑、主动招呼顾客，并使用标准用语"您好""欢迎光临"。

⑨ 销售顾问主动询问顾客是否经过预约，如果有预约，则通过步话机通知预约过的销售顾问上前接待。如果没有预约，则询问顾客是否需要介绍，如果顾客需要介绍，则陪同顾客进行讲解。

⑩ 如顾客自行看车，则应尊重顾客意愿，并与顾客保持适当的距离并开始关注。

（3）当顾客自行看车时。

① 来展厅看车的顾客一般都会有一定的疑虑，所以销售顾问不应让顾客感到有压力。

② 销售顾问应与顾客保持3~5米的距离，过近的距离会给顾客带来压力。

③ 当顾客开始自行操作或在展车某方位有停留时，销售顾问可主动上前询问是否需要帮助。

④ 当顾客表现出想提问时，销售顾问可主动上前询问是否需要帮助。

⑤ 如顾客表示暂时还不需要帮助时，销售顾问应明确说明自己的服务意愿和候叫的位置，并表示"如有需要，请随时召唤，我就在这边"。

（4）当顾客愿意交谈时。

① 销售顾问邀请顾客入座，座位朝向应便于让顾客看到展车。

② 招呼顾客同行人员入座。

③ 如座位为可移动的椅子，销售顾问应为顾客主动拉椅。

④ 待顾客入座后，征求顾客同意后入座于顾客右侧，保持适当的身体距离。

⑤ 与顾客寒暄，并询问顾客需要何种饮料。

⑥ 用步话机通知展厅服务员提供饮料。

⑦ 给顾客递上名片，并对自己的职务、姓名做简单介绍。

⑧ 引导顾客进入需求分析流程。

（5）当顾客离开时。

① 提醒顾客清点随身携带的物品。

② 销售顾问抬手为顾客打开自动门，并使用标准用语"再见""欢迎再次光临"。

③ 销售顾问送顾客至展厅门外，感谢顾客惠顾，并热情欢迎再次来店。

④ 若顾客开车前来，则陪同顾客到车边，感谢顾客惠顾并道别。

⑤ 销售顾问目送顾客，直到顾客离开视线范围。

⑥ 顾客离开后，销售顾问应及时将客户信息录入CRM系统。

（6）电话接听。

① 电话旁准备好产品价格表、产品资料、产品活动最新促销信息、内部通讯录和CRM工具。

② 营业时间内，铃响3声内接听电话。

③ 营业时间外，销售热线电话铃响3声内有语音提示："您好，这里是××4S店，现在是下班时间，您可以拨打××（手机号），与我们取得联系，如果是售后问题，请拨打售后服务热线××。其他事宜

请在'滴'声后留言。"

④ 采用统一的问候语,"您好,这里是××4S店,我是销售顾问(经理)×××,请问有什么可以帮您的?"用语中体现出品牌、企业名称、职务和姓名,并使用普通话。

⑤ 如果是找其他销售顾问,销售顾问说"我现在帮您转接,请稍等",如果电话没有接通或无人应答,销售顾问应说"×××不在座位上,请问有什么我能替您转告的吗?"

⑥ 面带微笑,使对方在电话中能感受到热情和友好。

⑦ 主动询问客户的需求,明确用户信息(姓名、电话、意向车型),并适时加以总结确认,记录在纸上。

⑧ 在尊重客户意愿的前提下,主动预约客户到展厅,并记录预约时间。

⑨ 感谢客户来电并礼貌道别,并使用标准用语"××女士/××先生,感谢您的来电"等。

⑩ 待顾客挂断电话后再挂电话。

电话结束后,立即利用CRM工具记录用户信息。

(7) 打出电话。

① 打出电话前再次检查顾客资料和信息,并明确电话目的。

② 接通电话后先表明自己的身份。

③ 注意确认对方是不是你要联络的对象,并询问对方是否方便,如对方正忙或表示不便,应表示歉意并表明改日再联络。

④ 根据电话的目的(如预约、交易促成、回访),用提问来引导谈话,用反问去探查顾客的需求,或者用估计的需求去鼓励消费者发言,尽力去掌握顾客感兴趣的方面,在顾客需求和电话目的中寻找共同点,如果无法在电话里达成一致,可以要求会面。

⑤ 在预约顾客的时候,可以提供给顾客多个选择,并由顾客自行选择。

⑥ 在交谈时,应寻找恰当理由,注意补全或核对顾客的联络方式和地址,并主动留下自己的联络方式和地址。

⑦ 电话结束前,对重要信息如约定时间等再次进行确认。

⑧ 电话结束时感谢顾客接听电话,待对方挂断电话后再挂电话。

⑨ 利用CRM工具更新顾客信息和资料。

3）顾客需求分析

销售顾问在与顾客交谈的过程中，应记录和分析顾客的需求。

① 通过寒暄的方式，创造轻松的谈话氛围，寻找共同话题。

② 话题可以不拘泥于商品，尽量扩大提问内容的范围，了解尽可能多的用户信息。

③ 注意认真倾听，不打断客户的谈话。

④ 在倾听中寻找机会，适时进行需求分析。

⑤ 利用需求分析清单，有选择性地利用开发式问题提问，为顾客提供发表更多意见的机会。

⑥ 主动请顾客留下信息，并向顾客说明留下信息的好处。

⑦ 在恰当的时机总结顾客谈话的主要内容，通过封闭性问题寻求顾客的确认。

⑧ 用CRM工具记录顾客信息。

⑨ 根据用户的需求，主动推荐合适的1～2款车型。

⑩ 如客户需要置换，对客户推荐具体的购车置换模式。

⑪ 适时引导客户进入商品介绍阶段。

4）产品介绍

（1）在充分了解客户需求后，销售顾问应主动向客户推荐1～2款车型并针对顾客需求进行详细的介绍。介绍的方法如下。

① 六方位介绍。

a. 各方位介绍重点如下。

ⓐ 左前方——车型设计风格、品牌价值。

ⓑ 发动机舱——发动机室与性能特点。

ⓒ 乘客舱——车门的安全性及轮胎和乘客安全。

ⓓ 后方——行李厢空间、备胎及工具箱、尾部设计、高位刹车灯等。

ⓔ 驾驶座侧——驾驶侧安全。

ⓕ 内部——空间、仪表、电子设备以及舒适性。

b. 在介绍过程中要做到以下几点。

ⓐ 充分了解竞争产品，并能熟练地进行产品介绍。

ⓑ 介绍过程中鼓励用户发问，并进行需求分析。

ⓒ 鼓励用户亲自动手、体验。

ⓓ 寻求顾客认同，在适当的时机将交易促成。

② FBI（Feature，Benefit，Impact）介绍法。

　　a.销售顾问应熟练掌握FBI介绍法。

　　b.避免使用深奥的专业词语，从功能出发，介绍产品对用户的好处，并用一种情景加以生动描绘，使顾客形成较深刻的印象。

　　c.情景部分避免死记硬背，应发自内心，语言简明扼要，一语中的。

（2）产品介绍完毕时，销售顾问应抓住时机向顾客试探。

① 促成试探。

② 产品介绍结束时，应尽可能引导客户进行试乘试驾。

③ 在产品资料上用彩笔将客户关心的卖点画出，并与名片订在一起，递交用户。

④ 待顾客离开后，在不影响其他顾客看车的前提下，将展车恢复原状。

⑤ 待顾客离开后，整理刚刚得到的客户信息，记录在CRM工具中。

5）试乘试驾

（1）试乘试驾的准备。

① 试乘试驾车的准备。

　　a.配齐规定型号和数量的试乘试驾车。

　　b.对试乘试驾车进行专门的标识。

　　c.每周至少为试乘试驾车安排一次PDI（Pre Delivery Inspection）检查，对不合格项目进行整改，确保车况良好。

　　d.试乘试驾车应确保每天清洗一次，保持外观整洁，雨天试乘试驾后应及时清洁车身表面的污点。

　　e.试乘试驾车的内置储物箱、座位、地板、通道以及行李厢应保持整洁，不得有杂物，每使用一次进行一次检查清理。

　　f.至少配备一套儿童座椅，供儿童试乘时使用。

　　g.试乘试驾路线图和试乘试驾资料放入车中。

　　h.试乘试驾车内必须随时配备足够的瓶装水，喝完或用过的饮料必须及时清理。

　　i.每天早上检查试乘试驾车的燃油，确保充足。

　　j.试乘试驾车内必须证照齐全，至少具备交强险和车上人员险。

　　k.按照车辆保养里程对车辆进行维护保养。

② 试乘试驾路线准备。

a.常规路线：重点推荐给普通客户，一般是对于车辆的专业知识了解不多的客户，该路线侧重于舒适性，以引导客户平稳驾驶为主。

b.深度路线：重点推荐给专业客户，一般是具备一定的车辆专业知识，了解车辆性能评定指标的客户，该路线侧重于动力性，引导客户进行深度体验。

③ 试乘试驾专员。必须熟悉各车型卖点，熟悉竞争品牌的特性及优、缺点，具备合法的驾驶执照和熟练的驾驶技巧，熟悉试乘试驾路线。

（2）试乘试驾前。

① 通过试乘试驾看板或通过步话机询问试乘试驾人员，了解车辆是否可用。

② 如暂时不能试乘试驾，陪同客户在客户休息区等待或参观展厅其他区域。

③ 如在短时间内无法试乘试驾，则和顾客预约下次试乘试驾时间，作为再次邀约的理由。

④ 查验顾客的驾驶证照并复印归档，签署《试乘试驾协议书》。

⑤ 对于没有驾照、没带驾照、驾照过期的客户，只能试乘，不能试驾。

⑥ 向顾客说明试乘试驾路线，请顾客严格遵守。

⑦ 向顾客说明试乘试驾流程，并解释为何由销售顾问先行驾驶。

⑧ 向顾客简要说明车辆的主要配置和操作方法。

⑨ 了解客户的驾驶偏好及需求，便于有重点地介绍与操作。

⑩ 了解客户试乘试驾过何种品牌车型，分析寻找顾客需求。

（3）试乘试驾中。

① 试乘试驾概述。在示范驾驶前，销售顾问应用1~2分钟向顾客简单介绍一下试乘试驾流程（先试乘、换手、试驾等）及所需时间、路线图、应注意的安全事项，并鼓励用户这是他尽情体验车辆的好机会，有任何问题都可以向销售顾问提出。

② 顾客试乘时。本阶段重点引导顾客体验舒适性，适当体验动力性和安全性。对舒适性，可根据用户要求，重点从悬挂、空调音响、座椅调节等入手，鼓励用户自己动手操作，适时说出卖点；如果顾客之前试乘试驾过其他车型，鼓励用户进行比较，并进行差异化体验，

在不攻击对手的前提下,突出产品的卖点;如果顾客只试乘或者顾客是新手,也可在示范驾驶中展现车辆加速、过弯、刹车等性能,并适时说出产品卖点。

③ 换手。按试乘试驾路线图的设计在预定的位置换手;换手后协助或提醒顾客调节座椅和后视镜等配置,确认顾客乘坐舒适并系好安全带,再次提醒安全驾驶事项。

④ 顾客试驾时。试驾阶段重点引导顾客体验动力性和操控性,适当体验舒适性。如果在操控性方面,本品牌车辆存在较强的优势,而这种优势在直线变道和高速路行驶时尤为明显,那么在顾客试驾时,试乘试驾专员或销售顾问要主动引导顾客去体验这两种路况,并结合车辆配置和卖点进行介绍。介绍时语句尽量简短,不能影响到客户开车的情绪。在每个路段提示客户可以测试的重点性能指标,结合车辆卖点对客户进行介绍。在每个不同路况,稍加提醒客户尝试车辆性能,再用封闭式提问,引导客户感觉车辆性能。如果顾客之前试乘试驾过其他车型,鼓励顾客进行比较,并进行差异化体验,在不攻击对手的前提下,突出产品的卖点。

⑤ 泊车。试驾结束后,将试乘试驾车泊回试乘试驾车停车位,销售顾问直接陪同顾客进入展厅休息。

(4)试乘试驾后。

① 销售顾问以陪同选车的顾问而不是车辆推销员的身份,帮助客户回顾试乘试驾的过程并交流感受。话题可以包括车的缺点和优点,观察用户的关注点,并邀请用户填写试乘试驾体验表。

② 回答客户的一切疑问。

③ 对于客户提出的真实缺点,认可客户的感受,用适当的话语引导客户将话题转移到产品优势方面。

④ 客户不订车也态度热情,不强迫买车,送客户出门时表示将会和客户保持联系。

⑤ 待客户离去后,根据得到的用户需求信息(如驾驶特点和关注点)更新CRM工具中的内容。

⑥ 将客户驾驶执照复印件、试乘试驾协议书和试乘试驾体验表装订成册,归档待查。

6)交易洽谈

(1)发动机和配置等级选择。

说明各款车的发动机排量和配置间的差异，参考客户之前提到的需求对客户重点推荐，把客户的需求和预算都考虑在内。使用所有可利用的工具，例如车型对比表、车型宣传册。

（2）各配置等级的具体内容。

给客户展示不同配置之间的区别，比如不同的蓝牙系统，并向客户说明附件产品，尤其是针对注重汽车形象的客户。

（3）颜色的选择。

了解客户对车内、外颜色的选择和搭配的需求，在提出建议前，首先咨询客户的喜好，告知客户颜色的选择对交车时间的影响，并说明原因。让客户感到你在努力满足他的个性需求，而不是为了卖掉库存车辆。

（4）库存和可接受交付时间。

查询客户所需车型，据此来向客户说明交车安排、交车时间以及原因。如果客户不接受此交付时间，询问客户在发动机、车辆配置以及颜色三个方面的优先考虑顺序，再为客户寻找符合他优先期望的库存车辆，给出相应的车型选择。如果客户需要的车型正好有库存，尽量缩短附件配置和颜色选择的过程。

（5）价格政策和协商。

说明车的价值，尽量把产品和服务成套出售，并且向客户讲解其中蕴含的更多实惠，与其直接打折，不如为客户提供更多有价值的东西。

（6）打印和解释交易合同。

为客户打印交易合同，签字后交给客户，逐条向客户解释合同条款和附加条件，根据客户需求，询问客户是否还有其他要求。合同应该包含客户所购车型的产品介绍以及特征说明，并能及时让客户签署。

7）签约成交

① 在签约前，利用看板和统一格式的报价单，对签约流程和细节进行简单说明。

② 合同文件应使用统一格式的标准文本，让客户感到正规和放心。

③ 销售顾问对合同的条款及其他文件的条款进行详细说明（车辆配置、价格细目、交车时间和装潢等），对重要条款应重复确认。

④ 让顾客有充足的时间考虑合同条款的内容。

⑤ 确认付款方式，如客户办理了置换服务，应与顾客确定车款结算方式和二手车产权移交期限，并在相关文件中注明。

⑥ 销售顾问填写合同并签约。

⑦ 如有需要，可请求财务人员到签约房间内办理收款。

⑧ 签约完成后，对顾客表示感谢，并预约交车的时间和地点。

⑨ 询问顾客对交付车辆是否有特别的要求，如是否要揭去油漆保护膜、是否要去掉座椅保护套、车辆是否要打蜡、是否要加油等，并做好记录，请用户签字确认。

⑩ 交车执行《新车交车控制程序》。

5. 参考文件

参考《新车交车控制程序》。

6. 记录

从略。

7

售后服务能力与服务需求

4S店售后服务能力的高低主要由服务设施、服务设备、服务人员和维修人员四个因素决定。对于大多数的4S店，服务设施和服务设备在建店时就已经根据经销商拥有的土地面积和厂家的建店标准进行配备和验收，而人员则是4S店根据厂家提供的人员配置标准和业务的发展情况逐步配置的。厂家要求的人员配置标准一般是基于业务需求的不均衡和对人员的利用率考虑制定的，也就是说，厂家要求的人员配置是基于4S店在当前业务量情况下能够保持服务流程正常运行的对相关人员数量的最低配置要求，一般没有考虑业务发展的提前量和最适当的服务能力。正因为如此，大多数的4S店虽然已经按照厂家的要求配置足够的服务人员，这种配置经常使4S店面对正常的客户接待量和修理台次情况下仍然穷于应付。因而，从理论上讲，4S店应根据客户保有量增长的情况提前培养和储备服务顾问和修理人员，以保障服务质量和客户满意度相对稳定。但在实际的运作中，随着售后业务量的快速发展，4S店一方面基于节省运行成本考虑，不能配置过剩的人员，另一方面受到已经固定的设备设施等硬件的限制，服务能力受到了瓶颈式的限制。如何充分利用现有的服务能力以取得客户满意，已经成为众多4S店管理层积极探讨的问题。

7.1 售后服务的地位和作用

汽车售后服务的地位和作用主要体现在以下几个方面。

（1）为4S店的长期生存和发展提供稳定的收入和利润

4S店在积累了一定数量的稳定客户之后，便有了稳定的售后业务、收入和利润，为4S店抗击市场风险提供了物质的保障。那些客户流失严重的4S店往往在销售市场的竞争中也会处于劣势，甚至在市场激烈变化例如政府限购、销售滑坡时就会倒闭。售后服务在美国被誉为"黄金行业"，一是售后服务是一个庞大的市场，年产值超过1400亿美元；二是利润占产值的比例高而且稳定；三是售后服务机构业务稳定，受市场和经济形势的影响较小。

（2）为培养客户忠诚度提供途径和机会

与其他机器和电器设备一样，汽车在使用过程中会产生老化和故障，需要日常维护和保养，也可能发生意外的碰撞和交通事故，而客户又没有必要的技术、工具设备和零配件自行修复，客观上需要社会提供汽车维护、维修的服务。4S店提供周到和方便的汽车维修售后服务，为客户正常使用汽车提供可靠的保障。同时，售后服务为4S店重复接触客户提供了机会和载体。在与客户的接触过程中，客户不断将自己的体验与自己对4S店提供服务的期望进行比较，从而产生满意或者不满意的感受。只要4S店提供的服务方式得当、服务过程体贴周到，客户的满意感受将不断延续，直到产生忠诚。客户忠诚在某种程度上是客户满意不断重复的结果。汽车行业中广泛流传和认可的"第一辆汽车是由营销人员卖出去的，从第二辆起就是由售后服务卖出去的"说法就是这个道理。

（3）发挥4S店的信息反馈功能

通过提供售后服务功能，4S店能够建立起一个数量庞大的客户基盘，掌握准确的客户信息资料，广泛收集客户的意见，及时掌握市场的信息，为4S店的决策和市场活动提供依据，也为4S店拓展业务提供市场依托。

7.2　售后服务流程

4S店的售后服务核心流程如图7-1所示。

其中，售后服务准备过程、维修过程和质量控制及交车准备过程是4S店的内部过程，预约过程、接车和制作工作订单过程、开票和交车过程、后续客户跟踪过程是4S店与客户互动的过程。

售后服务准备包括接待区域、接待和订单制作设备的准备、维修设备的准备、配件准备、客户等待和休息区域的准备、服务人员和维修人员等，也就是售后服务能力的准备。在接车过程中，服务顾问要准确和充分地了解、记录并确认客户的需求，诊断和确认车辆的故障和疵点，确定车辆的维修或保养项目，准确估算维修费用和维修时间，并与客户达成

7 售后服务能力与服务需求

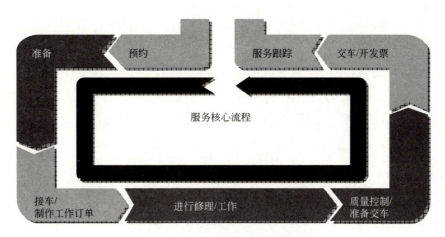

图7-1　4S店的售后服务核心流程

一致。车辆完成维修后，服务顾问要与客户确认车辆送修时的故障已经消除，车辆已经恢复至正常的状态，并向客户收取约定的费用。客户服务部门在客户离店后要回访客户，倾听客户的评价和抱怨，提醒客户及时回店保养等。

7.3 服务能力与服务需求的不平衡分析

在制造业，计算生产能力和客户需求是个比较简单的问题，但对于服务业，要使服务能力和服务需求精确匹配是非常困难的。主要的原因有两个：一是服务与消费是同时进行的，服务不可以储存；二是需求具有随机和波动的特点。基于这两点，在4S店的售后服务业务中，尽管服务能力处于一个比较稳定的状态，但服务能力和客户需求的对比总是处于一种动态的变化中。

当客户需求超过4S店的最大服务能力时，例如维修车间的维修车位全部排满、修理人员已经全部安排、配件不能按时供给等，一些客户由于需要长时间等待将会选择离开。当然，离开的客户中可能有一些客户会另择时间再进店维修，但也有一些客户离开后会选择到其他4S店、快修店甚至路边店，这将直接造成客户的流失和业务量的损失。

当客户需求在4S店的最大服务能力之内但高于适当服务能力时，虽然暂时不会出现客户的流失，但由于设备的过度使用，客户太多或已经超过员工提供稳定维修质量和服务质量的能力，使维修质量和服务质量不能得到保证，容易造成客户的不满。例如，服务顾问不能为客户提供及时和到位的接待，让客户等待的时间太长等。在这种情况下，为了在同样的时间内完成更多的工作，一些不容易被客户注意的常规检查项目、保养项目特别是那些免费项目往往会被维修人员忽略。这无疑给客户和4S店都带来潜在的风险。例如，客户在维修保养后不久就发现维修质量问题或安检、保养的问题，会非常不满或投诉，严重时可能会导致客户的流失，并对4S店的声誉造成不良影响。

当服务能力高于客户需求时，称为服务能力过剩，此时由于有多余的服务能力，来店的客户可以得到服务顾问及时、细心的接待。理所当然，由于车辆可以立即被安排修理，客户进站不需要排队，修理等待时间也能够控制，4S店可以收获较高的客户满意度。但这种情况造成的资源浪费和成本损失是4S店最不愿意看到的。除此之外，业务量太小和等待工作的时间太长容易造成员工丧失工作热情，员工由于收入较低而容易产生流失。这种情况有时还会给对该4S店不熟悉的客户造成疑虑和不信任感。

当然，4S店的服务能力刚好与客户的服务需求匹配，客户和4S店都会处在一种满意的状态。但对于4S店而言，一旦出现这种情况，就表明4S店将很快进入服务能力不足的情况，因为随着新车的销售，4S店的客户保有量也将随之增加。因而4S店必须未雨绸缪，保持服务能力的适当富裕。

在现实的运行中，除了新建的4S店长期处在服务能力过剩的情况和少数老4S店会处于服务能力长期不足的情况外，其他绝大部分4S店会在这几种情形中交替，但交替的频率和周期以及波峰和波谷的严重程度则有不同。

服务能力和服务需求之间的不平衡给4S店的正常运营带来了很多困难，4S店的售后管理者需要在现有服务能力资源的情况下不断解决两者之间的矛盾。

7.4 服务能力和服务需求的管理

7.4.1 服务能力管理

木桶理论告诉我们，服务能力是由其构成因素的短板所决定的。4S店如果能够及时识别和解决能力短板问题，就能明显改善服务能力问题。因此，通过分析服务能力，明确服务能力的限制，是处理服务能力和服务需求问题并制定解决策略的第一步。

服务能力主要由服务设施、服务设备和服务人员三个因素决定。在4S店，服务设施包括厂房、客户接待厅、客户休息室、停车场地、IT系统、通信设施等，服务设备包括如举升机、喷漆房、车身矫正架、维修工具、检查设备等所有车辆检修设备。硬件服务设施和服务设备的数量决定了4S店的生产能力。例如，某4S店有5个举升机位，假设4S店每天工作时间为10小时，每台修理车辆在举升机位停留平均时间为1.5小时，4S店的机电维修生产能力为10×5/1.5=33.3（台/天）。依此类推可以计算钣金、喷漆等的服务能力。与此不同的是，客户休息室的接待能力计算必须考虑客户到达的不均匀性和客户在4S店等待比。例如，某4S店客户休息室有20个座位，4S店每天营业时间10小时，假设2/3的客户会在4S店等候，每台车的平均维修时间为1.5小时，客户到达的不均匀系数为0.8，那么该4S店的日接待能力为10×20×0.8/1.5/（2/3）=160人/天。反过来，4S店在配套设施和设备时，必须根据4S店的业务目标和有关参考数据使配套的各设施的服务能力基本平衡，以避免日后可能产生的能力短板和资源过剩。

人员服务能力的计算与设备能力的计算类似。例如，某4S店有维修技工20人，假设每个人每天的工作时间为8小时，每年工作300天，修理人员的工作不均匀系数为0.8，再假设每台车的平均维修时间为1.5小时，那么4S店的月维修能力为8×300×20×0.8/1.5/12=2133台次/月，每天的维修能力为2133/30=71台次/天。至于服务顾问的接待能力，每个品牌有不同的要求，例如SVW的配置标准是每个服务顾问每天的接待量为12台次，而斯柯达的标准是每个服务顾问每天的接待量为10台次。

当然，以上方法计算的服务能力有一定的弹性，例如延长工作时间、提高修理工作的效率、培养多技能员工等。大多数的4S店在维修高峰时采用晚上加班的方式解决服务能力不足的问题；有些4S店非常注重培养修理人员的多种能力，使4S店具备在维修项目不均衡时能够调节和综合使用修理人员，使各工种的修理人员的工作时间能够充分利用。

但是，随意延长工作时间的做法往往会掩盖修理人员技能不足和工作效率低下的问题，而4S店要求员工提高工作效率有可能会造成有些人员马虎应付的情况产生，例如有些负责安检和保养的人员为了赶工就忽略了一些免费的保养和检查项目，影响了维修质量。

一些已推行精细化管理的4S店以现场测算结果为依据制定了各种维修和保养项目的标准时间，并以此作为修理任务安排和考核维修人员维修技能及工作效率的依据，同时也为4S店准确评估4S店的服务能力提供了依据。

7.4.2 服务需求管理

4S店对服务能力的分析有助于4S店明确服务能力的限制和资源配置要求，但如果不对客户的服务需求进行管理，就无法解决服务能力的基本固定与服务需求强烈波动之间的矛盾。

要对客户需求进行管理，首先要明确需求的模式和原因。通过对4S店历史数据的分析，观察是否存在可以预计的业务量变化的循环规律。例如，以年为循环周期，可以观察到在每次长假前夕会出现安检、保养的高峰；在夏季到来之际，特别在气温骤然升高的当天，会出现检修空调的高峰。如果以周为观察周期，许多4S店在双休日都会是维修高峰。出现这些规律的原因很容易想象得到。对于那些没有循环规律的业务量波动，也必须分析它们的原因，例如在台风、暴风雨、冰灾过后事故车必然增加。

4S店必须根据业务量变化亦即客户需求的变化规律，在预知的服务需求高峰到来之前召集资源做好应对准备，必要时主动采取削峰填谷措施，通过预约服务和客户关爱活动，将有些服务需求提前满足，通过延长服务时间周期将服务高峰削平；把有些不是十分迫切的维修需求预约到预知的需求低谷来进行；在预知的需求低谷到来之前通过诸如客户关爱活动或服务优惠活动等，增加客户需求。

主动预约和服务优惠活动是削峰填谷、管理客户需求的有效措施。如果实施得当，它能够使客户需求曲线比较平坦，没有了服务需求严重超过服务能力的需求高峰和服务能力严重过剩的需求低谷，客户的服务需求就能够比较平稳地流过4S店预定的服务流程了。当然，4S店开展主动预约服务必须以一定的保有量和可靠的客户数据信息为前提。主动预约主要是针对安检和保养客户的，不可能客户车辆没有问题而4S店预约他们来修车。例如，4S店根据数据分析的结果，结合客户维修和保养的历史信息，在夏、冬季和国家规定长假到来一段时间之前，主动提示车辆快到保养期的车主提前保养，提示有远足计划的车主提前安检，并告知他们这样做可以避开养护高峰期和减少等待时间；又如，根据客户的职业信息和工作作息时间信息，把部分客户预约在需求低谷的工作日来店维修。

7.5 客户等待时间的管理

当到达的客户超过4S店服务能力所能接待的人数时，有些客户就必须排队和等待服务。客户排队和等待服务时的经历会极大地影响他们的满意度。客户等待时间包括物理等待时间和心理等待时间两个方面。物理等待时间是客户实际的等待时间，它基本与客户排队所需时间和车辆的实际维修时间相同；而心理等待时间则是客户在等待时感受的时间。因而，要缩短客户的等待时间，可以从两方面入手：一是提供合理的业务排队安排和维修任务安排以及提高工作效率，缩短客户的物理等待时间；二是调整客户的心理状态，缩短客户的感知等待时间。

根据美国著名营销学家David H. Maister的研究，客户在等待服务时感知的时间程度与实际的等待时间可能是不一致的。David H. Maister的研究结果为4S店调整客户心理等待服务时间提供了思路。

（1）顾客空闲时间比忙碌时间过得慢

顾客在等待服务期间无事可做就会产生厌烦感。因此，几乎所有的4S店都在客户休息室为客户提供电视、录像、上网设施和各种报刊，甚至有些4S店的休息室还为客户提供免费的电脑游戏，希望客户在忙碌中度过等待的时间。在已经推行"系统销售"的4S店，客户休息室成了4S店的第二整车销售的场所。服务顾问将休息室里的客户信息告知销售顾问，销售顾问会到客户休息室问候客户，并利用客户的空闲时间向客户推介新的车型，带客户到展厅参观，争取客户的再次购买或转介绍，让客户在忙碌中忘记时间。

（2）服务前等待时间比服务中等待时间过得慢

让等待进站的客户参与到服务工作中。例如，在客户高峰时，如果客户不能立即进入预检区，则可让助理人员先向正在排队的客户派发维修项目调查表，让客户自己先填写此次进厂的车辆信息、车辆的故障现象和维修项目，一是让客户感受到4S店快捷的服务，二是减少客户感受的服务前的等待时间。

（3）焦虑情绪会使顾客觉得等待时间过得慢

引起客户焦虑的因素有很多，例如他可能担心后来的客户反而得到更快的服务，担心他的车辆会不会有更多的问题，担心车上的零件会不会被偷偷换走等。解决客户焦虑的最好方法是让客户放松，并让他随时了解自己车辆的情况。目前大多的4S店已经为客户提供咖啡、茶水和饮料，让客户可以坐在休息室的沙发里一边喝饮料一边透过休息室的透明玻璃窗观察到自己正在被维修的车辆，努力减少客户的焦虑情绪。有些4S店在客户休息室开设了茶艺表演和咖啡茶座，目的是让客户可以一边等待一边休闲。

（4）无法预计的等待时间比预先知道的等待时间过得慢

不知道需要等待的时间，是引起客户焦虑的原因之一。例如，对于在预约交车时间到达之前的客户，即使需要等待很长一段时间，他也会耐心等待，原因他知道要等待多长时间；但当约定的交车时间一过，即使只需等待较短的一段时间，顾客会立即表现出极不耐烦，甚至投诉，因为他不知道还要等待多长时间。所以，当4S店不能在预约交车时间向客户交车时，服务顾问一定要提前告知客户，说明原因并重新确定交车时间。必须注意的是，在客户的车辆进厂时，一定要将完成维修的时间告诉客户，服务顾问在确定预计交车时间时必须留有余量，提前交车总能给客户带来惊喜。对于不能立即估计维修时间的复杂项目，服务顾问一定要在技术人员估计维修时间之后尽快告知客户。

（5）不明原因的等待时间比可以理解的等待时间过得慢

在等待的过程中，客户经常会要求服务顾问介绍车辆维修的进度，解释延迟交车的原因。因而当维修过程中发现维修项目变更或需要增加维修项目时，或者出现可能导致时间延迟的其他情况时，必须及时告知客户。如果服务顾问不解释，而客户又不知道维修工作不能按时完成的原因时，客户将会不耐烦和不满意。

（6）不公平的等待时间比公平合理的等待时间过得慢

如果服务顾问不按排队顺序安排客户进站接受服务，而是先为后来的客户服务，那么先到的客户就会不满。因此，4S店应加强排队顺序的管理，让在维修高峰期需要排队的客户感觉受到公平的对待。例如有些4S店采用号牌标识的方法，确保客户感觉被公平接待。在已经开展预约服务、快修服务和VIP服务的4S店，要把预约通道、快修通道和VIP通道与一般的预检通道区分开来，并公布预约服务细则、快修项目和VIP服务细则，鼓励客户参加预约和VIP服务计划，避免引起常规客户受不公平对待的感觉。

（7）服务后的等待时间比服务中的等待时间长

客户可等待很长时间，是因为他认为这种等待是值得的或必需的。然而当服务结束后，他就会迫不及待地想离开。一位飞机乘客可以在几小时的旅途中耐心地坐着，当飞机着陆后，尽管飞机的舱门还没有打开，他也可能会马上站起来准备离开。许多客户在接受CSS❶访问时抱怨服务顾问的交车时间太长，就是这个原因。因此，在通知客户车辆已经修理好之前，服务顾问应该先把有关的交接手续和结算单等能够在后台完成的工作

---

❶ 售后客户满意度，相当于CSI，全书同。

办好，再通知客户交车，以缩短交车时间。

（8）单独等待时间比集体等待时间过得慢

集体等待的客户会互相交谈，甚至会下棋打牌，消磨时间。对某些客户来说，集体等待服务的时间变成了娱乐活动时间或社交活动时间。有些4S店在客户休息室设置儿童娱乐区，鼓励车主带孩子来修车；把沙发摆成一个一个的小圈，鼓励客户交流，这些做法都是希望把客户的单独等待转化为集体等待以缩短客户心里感觉的等待时间。

以上这些，其原理是通过4S店和服务顾问的工作，影响客户在等待时的感受，缩短客户感觉上等待的时间，从而提高客户的满意度。

7.6 作业调度技术和排队论在售后服务中的应用

7.6.1 作业调度技术在售后服务中的应用

作业调度技术也称排序技术，是组织通过对内部各项资源的使用进行时间选择，使组织的各项资源达到有效利用，并使客户的等待时间降到最少的一门技术。就一般情况而言，4S店维修任务排序规则有表7-1所列几种。

表7-1　4S店维修任务排序规则

排序规则	说明
FCFS（先来先处理）	按照到达4S店的顺序安排维修
SPT（最短维修时间）	维修顺序取决于需要占据的维修工位的时间，最短的优先
DD（预定交车时间）	根据预定的交车时间进行安排，最早的优先
CR（关键比率）	选取最小比率的优先。比率是到预定交车时间和剩余维修时间之比
S/O（最小松弛时间优先）	根据平均松弛时间（即到预定交车的时间减去剩余的维修时间）进行作业处理。松弛时间除以剩余工序数（包括当前工序）为平均松弛时间
预约和紧急处理	根据预约和快修项目安排优先通道

优先规则可以为局部性的也可以为整体性的。局部性规则只需考虑有关一个单独的工作区的信息，整体性规则必须考虑多个工作区的信息。FCFS、SPT和DD是局部性规则，而CR、S/O则是整体性规则。紧急性规则既是整体性规则又是局部性规则。

优先规则是一种静态排序，其使用很多假定，例如假定换产时间、维修时间和维修作业不变等。优先规则的假设条件如下。

① 维修项目已知；处理过程开始后不再有新的维修项目；维修项目不会被取消。

② 换产时间独立于维修顺序。

③ 换产时间确定（标准化）。

④ 维修时间确定，不可变（标准化）。

⑤ 不存在维修过程中断。

对于将维修项目标准化的4S店来说，实施上述优先规则是非常简单的。维修项目标准化是实施维修项目精细化管理的起点。

例如，有6项维修任务要在同一设备上维修，到达顺序、需要的维修时间和预定交车时间见表7-2。

表7-2 维修任务信息

任务编号 i	1	2	3	4	5	6
作业时间 $P(i)$ /h	10	2	1	8	4	6
预定交车时间 $D(i)$ /h	15	4	6	14	10	8

如果按FCFS先到先服务的规则安排，维修结果见表7-3。

表7-3 FCFS维修结果

作业顺序	1	2	3	4	5	6	Σ
作业时间	10	2	1	8	4	6	31
等待时间	0	10	12	13	21	25	81
完成时间	10	12	13	21	25	31	112
预定交车时间	15	4	6	14	10	8	57
延迟时间	0	8	7	7	15	23	60

可见，以FCFS规则安排维修作业的延迟交车时间为60小时，延迟交车的维修任务有5项。

但如果使用SPT最短维修时间排序规则，维修结果将见表7-4。

表7-4 SPT维修结果

作业顺序	1	2	3	4	5	6	Σ
作业编号	3	2	5	6	4	1	—
作业时间	1	2	4	6	8	10	31
等待时间	0	1	3	7	13	21	45
完成时间	1	3	7	13	21	31	76
预定交车时间	6	4	10	8	14	15	57
延迟时间	0	0	0	5	7	16	28

采用SPT规则后延迟交车的任务数只有3个，延迟交车时间缩短到28小时。

应用其他规则的情况依次类推。在这些规则中，FCFS先到先服务的效率是最低的，但FCFS的优点是简单以及公平，因而对于有客户直接参与其中的服务系统来说，FCFS规则是被4S店应用得最多和占据绝对优势的一种规则。在这些规则中，SPT规则的平均总流动时间总是比较低的，采用它总能使停留在4S店的待修车辆最少；而且由于它总能使平均延迟交车的时间达到最少，客户服务水平也会相应较高。但是由于它与预定的交车时间没有紧密挂钩，因而经常不被4S店的管理者和维修任务安排人员所重视。

7.6.2 排队论在售后服务中的应用

排队论又称随机服务系统理论，是通过对顾客到达时间和服务时间的统计，研究顾客在系统中的等待时间、排队长度、忙期长短等数量指标的规律，根据这些规律对服务系统的结构进行改进或确定最佳的控制策略，使服务系统既能满足服务对象的需要，又能使机构的费用最经济或系统运行参数最优化的理论方法，是研究服务系统中排队现象随机规律的科学。

7 售后服务能力与服务需求

排队论主要研究三类问题：第一类是以了解系统基本特征为目的的系统性状的研究；第二类是对现实的系统进行数学建模时统计问题的研究；第三类是涉及排队系统的设计、控制及系统有效性度量的最优化问题的研究。

在4S店，当有了一定的业务量后，特别是在维修的高峰期和客户关爱活动开展期间，就会有维修车辆等待进站维修，出现排队。如何透过排队的现象把握本质，揭示排队的运动规律，以优化排队行为，从而提高服务的效率和效益，一直是众多4S店管理层关心的问题。排队论无疑为解决这一类优化问题提供了一种有效的方法。

（1）模型的建立

为了便于客户排队系统模型的建立和求解，对维修车间维修小组的修理能力以及进站修理的排队情况进行如下假设。

① 每台车辆的修理时间服从指数分布。

② 维修机构由维修小组组成，维修小组是最小的维修保障单元，即最小数量的修理人员和设备的组合。

③ 在同一时间里，每个维修小组只能对一台车辆进行维修，当维修车辆到达时就到空闲的维修小组接受维修服务，如无空闲的维修小组，车辆就排队等候。

客户排队模型如图7-2所示。

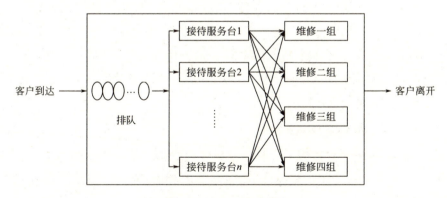

图7-2 客户排队模型

根据以上假设可以分析得到，4S店维修客户的到达符合泊松分布，客户到达的间隔时间和服务时间服从负指数分布，客户排队系统为标准多服

务台负指数分布排队系统，即 M/M/C 模型。于是可得到

$$\begin{cases} L_s = L_q + \dfrac{\lambda}{\mu} \\ L_q = \dfrac{(c\lambda/c\mu)^c \lambda/c\mu}{c!(1-\lambda/c\mu)^2} P_0 \\ W_q = \dfrac{L_q}{\lambda} \\ W_s = \dfrac{L_s}{\lambda} \end{cases} \quad (7\text{-}1)$$

$$P_0 = \left[\sum_{k=0}^{c-1} \dfrac{1}{k!}\left(\dfrac{\lambda}{\mu}\right)^k + \dfrac{1}{c!} \times \dfrac{1}{1-\lambda/c\mu} \times \left(\dfrac{\lambda}{\mu}\right)^c \right]^{-1} \quad (7\text{-}2)$$

……

$$P_n = \begin{cases} \dfrac{1}{n!}\left(\dfrac{\lambda}{\mu}\right)^n P_0 & (n \leqslant c) \\ \dfrac{1}{c!c^{n-c}}\left(\dfrac{\lambda}{\mu}\right)^n P_0 & (n > c) \end{cases} \quad (7\text{-}3)$$

式中，c 为维修小组的数量，为正整数；λ 为客户到达率，即维修车辆到达 4S 店的平均到达率，辆 /h；μ 为平均服务率，即维修小组的平均修理能力，辆 /h；L_q 为排队长，即系统中等候维修车辆（客户）的数量；L_s 为队长，即系统中维修车辆（客户）的数量；W_s 为逗留时间，即某一维修车辆（客户）在系统中的逗留时间；W_q 为等待时间，即某一维修车辆（客户）在系统中排队等待的时间；$P_0 \sim P_n$ 为系统中有 0 ~ n 个客户的概率，它决定了系统的运行特征。

（2）维修能力需求预测

从系统运行参数可以看出，系统的排队等待时间 W_q 和排队长 L_q 只与客户到达率 λ、平均服务率 μ 和维修小组数量 c 有关，而在已知的情况下 λ 和 μ 为固定值，所以系统的客户排队等待时间 W_q 和排队长 L_q 就由 c 决定。反过来，也通过限定系统的客户排队等待时间 W_q 和排队长 L_q 的范围来确定维修小组 c 的数量，以达到维修能力的最佳配置。

例如，某4S店现有待修车辆100辆，车辆平均到达率$\lambda=5$辆/h，且服从负指数分布；平均服务率$\mu=1$辆/h；修理小组数量为c，当服务强度$\lambda/(c\mu)<1$时，即$c>5$时系统才不会形成无限制排队，设c为6～13间的任意一个常数，对客户排队等待时间W_q和排队长L_q的计算结果见表7-5。

由表7-5中的数据可知，如果要求排队长小于5，则需要有6个维修小组；如果要求排队长小于1，则要求有8个维修小组。在λ和μ一定的情况下，随着维修小组c的增加，客户排队等待的时间W_q和排队长L_q会相应减少，但当c增大到一定量后，客户排队等待的时间W_q和排队长L_q的减少量已经很少，系统接近无排队情况，再增加c的数量就会造成维修能力的浪费。

表7-5 计算结果

现有待修车/辆	c/辆	λ/（辆/h）	μ/（辆/h）	W_q/h	L_q/辆
100	6	5	1	0.8068	4.0341
	7	5	1	0.3175	1.5876
	8	5	1	0.1510	0.7552
	9	5	1	0.0699	0.3497
	10	5	1	0.0294	0.1472
	11	5	1	0.0112	0.0559
	12	5	1	0.0039	0.0195
	13	5	1	0.0013	0.0063

(3) 排队模式

当4S店开展活动或在一些长假到来前，客户到达率λ不断增大。λ的增加导致了服务强度$\rho=\lambda/(c\mu)$的上升。当服务强度上升到引起排队长L_q太大和客户排队等待时间W_q太长可能引起客户不满或流失时，在平均服务率μ不变的情况下就必须增加接待服务台。下面考虑有两个服务台的情形，并假设服务台的平均服务率相同。

此时可以有两种排队模式即M/M/2和M/M/1，假设在M/M/1情况下客户入队后不能换队。两个排队模式如图7-3所示。

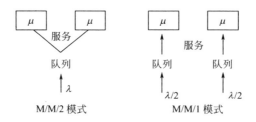

图7-3 排队模式

两种模式的平均排队长 L_q 和等待时间 W_q 之比为

$$2L_{q1}/L_{q2}=W_{q1}/W_{q2}=1+\rho_2 \quad (\rho_2=\lambda/2\mu<1)$$

由于 $1<W_{q1}/W_{q2}<2$,而当 $\rho_2=\rho/2$($\rho=\lambda/\mu$)较大时,M/M/2模式比2个M/M/1模式节省较多的等待时间。

同样可以证明,在有多个服务台并列的排队系统中,排成单队比排成并列多队的方案有明显的优越性,因此对于设置多个服务台的随机过程,应该让顾客排成一个队。

7.7 准时服务和准时交车

向客户提供快速和方便的服务并保证准时交车,是提高客户满意度和忠诚度的重要手段。

(1) 预约维修

预约维修给4S店提供了一个"削峰填谷"的机会,使4S店能够合理利用维修资源。同时,客户通过预约维修期望获得快速服务。因此,对于准时到达的预约客户,4S店必须保证有工位、技师和配件的准备。换句话说,4S店在主动预约和接受被动预约的时候,必须确保相关时段和资源还没有被安排,一旦接受预约,相关时段和资源就不能再安排了。为确保资源的利用,4S店需要提前与预约客户确认是否准时到达,以及是否进行时间调整。

（2）快修服务

为了减少客户的等待时间和提高客户满意度，很多4S店确定了什么维修项目属于快修项目并承诺完成维修的时间，这些快修项目经常是单项保养、单立面喷漆等。对于快速维修项目，4S店需要安排专门的工位和技师，或者优先安排维修。对于高频度的维修项目，4S店必须匹配适当的配件库存，以防止因配件原因造成维修延误。

（3）正常维修和增项维修

服务顾问要随时了解车间的维修调度情况，根据维修项目的复杂程度以及维修项目的标准工时确定交车时间，没有把握时应咨询车间和技术经理的意见，在时间预估上留有余地，使时间尽量宽裕。提前完成维修经常可以提高客户满意度，不能按时完成会增加客户抱怨。在维修过程中如发现需要增加维修项目，应尽量明确增项理由，了解配件库存情况，估计增项维修需要的时间，然后向客户详细说明，取得客户同意，并向客户承诺新的交车时间。

（4）事故车

事故车维修完成时间的预估受很多因素制约，例如保险定损时间、配件订购时间、维修项目及其复杂程度等，因此对事故车维修的交车时间承诺建议要留有余地，争取提早交车。准时交车率是大多4S店的考核指标，也是衡量4S店服务水平的重要指标，服务顾问在接车时一旦承诺交车时间，各个售后服务环节应努力按时完成。然而，一旦出现不能按时交车的情况，服务顾问应提前与客户沟通，说明维修进度和遇到的困难，争取客户的谅解。事后，4S店应对延迟交车原因进行分析，必要时采取措施，尽量避免重复发生。

8

维修服务的质量和维修效率

8 维修服务的质量和维修效率

无论是制造业还是服务业,无论是产品和服务的提供者还是顾客,"质量"一词都经常挂在嘴边,并已深入人心。质量是产品或者服务满足规定的和隐含的要求的特性总和。在4S店的售后服务中,维修服务质量既包括车辆维修符合规定的要求,即对车辆维修结果本身的要求,例如保养和维修后车辆的技术性能、安全性能和外观等符合规定车辆正常行驶的要求以及客户的要求,还包括客户的一些隐含要求,例如客户在4S店受到良好的接待服务和合理的维修等待时间等维修效率要求。在传统修理业中,维修质量就是使修理的结果符合使用要求,但4S店的维修服务质量概念却要求4S店要满足和超越客户期望。换句话说,客户对4S店维修服务质量的要求不仅包括维修结果,而且包括服务的全过程。

8.1 维修服务质量是4S店的生命

质量是企业的生命。企业要在市场上站稳脚跟,必须依靠质量过硬的产品和服务,这早已成为制造型企业的共识。那些生产伪劣产品和靠坑蒙拐骗的企业,也许在短期内可以生存,但终究会被市场和消费者唾弃,例子不胜枚举。

维修质量和服务质量同样攸关4S店的生存和发展,这种观点已经越来越被众多的4S店所认同。原因有以下几点。

(1) 售后服务在4S店的经营中的重要性越来越大

在很多新建的4S店,其工作重心是新车销售。因为只有到了一定的客户保有量,售后才能生存。但是,随着客户保有量的积累,售后的产值越来越高,其贡献的利润比重也越来越大,销售和售后的地位发生了转变,售后成为4S店重要的利润来源。根据有关资料,在成熟的国际汽车市场,汽车的销售利润约占整个汽车业利润的20%,零部件供应利润占20%,而售后服务的利润占60%。可见,售后服务其实是汽车产业链中最稳定的利润来源,甚至可占据总利润的60%~70%。正因为看到这一点,很多4S店以低利润甚至负利润将新车售出,加大售后人员和设施的投入,增强售后的市场竞争力,目的是希望售后的业务有较快的发展。售后逐渐成为4S店经营的重点。

（2）质量是客户对售后维修服务的要求

随着生活水平的提高，客户不仅对维修的质量提出了高要求，而且对售后服务的质量也提出了越来越高的要求。例如，客户不仅要求车辆的问题或故障要一次性排除，还要求4S店提供免费洗车，4S店在交车时所交付的必须是干净整洁的车辆；客户还要求到达4S店时受到热情周到的接待和快捷的服务等。客户对4S店的维修质量和服务质量的综合评价集中用客户满意度来表示。如果客户对4S店的维修质量和服务质量感到满意，他可能继续接受4S店的服务；如果4S店多次不能满足他的要求，他就可能选择离去。这就是有的4S店努力通过新车销售增加保有量，但经过长期的运作之后，发现活跃客户数量并没有增加的原因。

（3）质量竞争既是品牌间的竞争，也是各种汽车维修业态间的竞争

汽车产品的生产竞争一方面是产品品牌综合实力的竞争，例如品牌的知名度和美誉度、产品的设计能力和制造能力、产品的技术先进程度等。在产品高度同质化的今天，产品的售后服务质量已经成为品牌比拼的重要组成部分。4S店维修质量和服务质量已经成为品牌竞争的需要。另一方面，基于区域内4S店间的竞争甚至4S店与快修店、路边店的竞争，4S店只有不断提高服务质量，别无选择。

（4）不重视维修质量和服务质量的4S店最终难以生存

汽车不同于一般的产品，其安全关乎客户的身家性命，不负责任的维修随时都有可能将车主置于生命的危险之中。对那些由于经营不善而倒闭或转手的4S店以及一直不能成长的4S店的观察不难发现，这些4S店除了由于资金短缺等原因外，其失败基本都与不重视服务质量有关。

8.2 管理层在质量管理中的作用

有些4S店的管理层存在一个错误认识，认为服务质量是服务顾问的事情，维修质量是修理技师的事情，与管理层的关系不大。如果这种意识成为管理层的主流意识,那将对售后服务产生极大危害。早在20世纪60～70年代,美国著名的管理大师戴明就认为质量责任最终取决于上层管理者,他指出85%的质量问题归于管理者,而只有15%归于员工,因为只有管理者能够带领员工树立良好的质量意识和服务理念、建立质量责任机制,并提供使之得以实现所需的激励和支持系统。所以说4S店的管理层对4S店的质量管理负有关键的责任。

4S店管理层在4S店的质量管理活动中的作用主要有下述几个方面。

① 确定4S店的服务理念,为员工的服务活动开展指明方向。客户是4S店赖以生存的基础,也是4S店存在的价值所在。4S店的管理层需要让全体员工明白满足客户要求、做好服务质量的重要性,要让员工清楚如何在本职岗位上为客户满意做贡献。同时,由于本身的言行对员工有极大的影响,4S店的管理者必须身体力行,把为客户服务的意识落实到日常的行动上,做员工的表率。

② 为各个部门和层次确定服务质量目标和建立服务流程,让员工明白在客户服务方面要达成的目标和如何达到该目标。全员参与是让客户完全满意的不二法则,全员参与需要管理者的有效组织和4S店内部运作机制的建立。

③ 建立激励机制,塑造4S店的服务文化和质量文化。通过建立激励机制,对员工的价值取向进行有效诱导,从而促进4S店健康的服务文化和质量文化的形成。

④ 提供充分的资源,为员工开展客户满意的服务活动提供条件。这种资源包括充分的人力、基础设施和基础运作条件。

⑤ 定期实施管理评审,及时分析4S店服务体系的适宜性、充分性和有效性,及时发现4S店服务体系的缺陷和薄弱环节,为4S店服务系统的改善提供机会。

8.3 维修服务质量的评价指标

根据国际标准化组织的定义,质量是产品的一组固有特性满足要求的程度。因而对质量的描述可分为两个层次来理解，第一层意思是产品的质量是以一组固有特性来表述的，第二层意思是这组特性将与客户的要求进行比较，其满足的程度即表示质量的好坏。对于汽车维修企业来说，产品就是提供的汽车维修服务；而固有特性则是指车辆维修应符合的相应竣工出厂技术条件等的一组特性参数，以及客户的心理期待如维修时间、维修收费、服务态度等；满足的程度则是指维修车辆的特性参数恢复的程度，以及服务结果满足客户期待的程度。从技术角度来讲，汽车维修质量是指对维修竣工出厂车辆的出厂技术特性参数恢复程度的一种定量评价；而从服务的角度来讲，汽车维修的服务质量是指4S店提供服务的过程满足客户心理期望的程度，可以由客户满意度来测量。

所以，汽车维修服务质量的评定参数可归结为六个方面的特性，即性能、可信性、安全性、适应性、经济性和时间性，它们分别反映了车辆使用性能和外观性能，可靠、安全、及时和灵活的程度，以及与之相适应的顾客和社会所付出的代价。

（1）性能

汽车的性能是指汽车本身的技术条件，包括汽车的动力性能、燃料经济性能、制动性能、转向操纵性能、废气和噪声排放性能、密封性能、操控性能以及整车和外观等。其中，动力性能通常用发动机功率、底盘输出功率和汽车直接挡加速时间来衡量；燃料经济性能通常用汽车经济车速百公里油耗来衡量；制动性能通常用制动距离、制动力平衡、车轮阻滞力、制动系统协调时间和驻车制动力来衡量；转向操纵性能通常用转向轮的侧滑量、方向盘操纵力及最大自由转动量来衡量；汽车废气和噪声排放性能又称环保性，它主要用怠速污染物排放量（汽油车）、自由加速烟排放量（柴油车）和噪声级来衡量；密封性能有汽车防雨、防尘密封性和连接件密封性两个方面；整车和外观主要包括整车装备。此外，悬挂与车架、转向与制动装置、车身与内饰、门窗、仪表与信号装置、润滑与轮胎等也在性能衡量的范围内。汽车性能的恢复程度体现了汽车维修的质量。

（2）可信性

可信性包括可用性、可靠性和维修性。可靠性是指汽车在维修之后在规定的条件下和规定的时间内保持规定功能的能力；而汽车的维修性是指汽车通过维修之后，如果出现同样问题，其在规定的条件下和规定的时间内，按规定的程序和方法进行维修时，保持和恢复到规定状态的能力。可靠性和维修性决定了可用性。可以想到，如果客户在汽车维修后不久再度发生同样故障，客户就会认为你的维修技术不可信；如果他发现经过维修后的汽车再发生同样问题就不可能恢复到原来状态水平或者就不能再修时，他的投诉就在所难免了。

（3）安全性

安全性指将伤害或损坏的风险限制在可接受水平的状态。在汽车维修行业。安全性一方面是指客户在汽车维修期间的安全得到保障，例如将客户安置在可以观察其车辆维修过程的休息室内，防止客户进入车间可能造成的伤害；另一方面是指车辆在维修期间不要受到新的损坏，例如很多4S店在车辆维修期间采取了加盖叶子板等保护措施。

（4）适应性

适应性是指产品或服务适应外部环境变化的能力。对汽车维修而言，适应性要求维修方案不仅要考虑车辆性能的恢复，还要考虑汽车使用的环境，例如高原低压、路况异常等。此外，要考虑维修接待服务适应当地的风俗习惯和竞争环境。

（5）经济性

经济性是指合理的维修费用。4S店被诟病的其中一点就是维修费用太高。其中当然有4S店运营模式的原因，但有些4S店采用以换代修的方法以促进配件销售和一切为了提高维修单价的做法有待商榷。

（6）时间性

时间性是指在规定的时间内满足客户交车要求的能力。一方面，客户一般会要求4S店在尽量短的时间内完成维修；另一方面，客户不希望延迟交车。因而，在接受委托时，服务顾问必须充分考虑4S店的维修能力和工位占用情况，给客户合情合理的解释。维修时间也是4S店竞争力的一个重要组成部分，例如宝马公司规定单项保养维修的时间不得超过2小时，预约并准时到店的单项保养维修不得超过58分钟，单面喷漆维修的时间不得超过8个工作小时。同时，很多4S店将准时交车率作为考核车间维修工作效率的重要指标。

从内部控制来讲，4S店以对性能参数的竣工验收一次合格率衡量维修质量，以外返率、投诉率和客户满意度衡量维修服务质量的综合结果。客户是维修服务质量的最终判定者。

8.4 汽车维修质量检验系统

汽车维修质量检验是指采用一定的检验测试手段和检查方法测定汽车维修后的性能指标，然后将测定的结果同厂家提供的同型号的汽车性能标准参数相比较，以对汽车维修质量做出合格或不合格的判断。

汽车维修质量检验的方法分为两大类：一类是传统的经验测试方法，这类方法由于没有明确的判定标准，经常会引起客户和维修方之间的争议和纠纷；另一类是借助各种工具、仪器、设备对参数进行测试的方法。经验测试方法凭人的感官检查、判断，有较大的盲目性；仪器仪表测试可通过定性或定量的测试和分析，准确地评价和掌握车辆真实的技术状况。随着现代科学技术的进步，特别是汽车不解体检测技术的发展，有可能在室内或特定的道路条件下安全、迅速、准确地测试汽车的各种性能。汽车维修质量检验的目的是通过汽车维修前后的性能参数对比，向客户提供有关汽车维修质量方面的数据，确认汽车性能参数的恢复程度，判断汽车维修后是否符合汽车维修质量标准。

汽车维修质量检验分为以下几类。

（1）进厂检验

进厂检验是对送修车辆进行外部测试和交接，也称预检，目的在于双方确认送修车辆的性能现状，确定维修项目，填写认可的车辆交接清单，办理交接手续。对维修质量控制而言，预检是维修活动的重要组成部分，通过对汽车的技术状态进行精确诊断，判断车辆发生异常的准确部位，从而精准地确定维修方案，既能让双方明确维修的项目、费用和所需的修理时间，又能节省维修人员的检查和判断时间，由技术人员进行的检查还能够减少一般修理人员的误判断，从而又大大提升了维修的质量。

（2）零件分类检验

大修车辆或总成解体、清洗后，应按技术标准进行检验分类，将原件分为可用的、需修理的和报废的三大类。分类的主要依据为是否超过修理规范中规定的大修允许和使用极限。凡零件磨损尺寸和形位误差在大修允许范围内的为可用件；凡零件的磨损或形位误差超过允许值，但仍可修复使用的为需修理件；凡严重损坏，无法修复或修理成本太高的，为报废件。分类结果应由客户现场确认。

（3）新使用配件的检验和确认

新使用配件的检验和确认的目的在于防止不合格的配件装配到总成或部件中；防止不合格的总成或部件装到整车上。新使用配件的检验和确认是汽车维修质量管理工作中的重要一环。对于4S店而言，必须把即将使用的原厂总成或重要配件交由客户确认，避免发生纠纷。

（4）工序自检、转工序互检和维修完毕车间自检

每道修理工序完毕，由维修组长或维修人员对本道工序的完成质量进行检查和确认。对于特殊工序例如钣金工序，除本工序的自检外，应由喷漆工序人员进行检查和确认。在所有维修项目完成后，车间应指定最后一道工序的修理人员或者指定专门的人员确认所有维修项目已经完成而且质量符合要求。

（5）汽车维修竣工出厂检验

汽车维修竣工出厂检验必须由专职汽车维修质量检验员承担。一般在汽车维修竣工后、交车前进行。汽车维修质量检验员对照技术标准全面检查车辆，如需要应测试有关性能参数，直至全部维修项目合格。服务顾问在接到维修完毕的通知后，应对维修的结果再次确认，以确保提交给客户的车辆万无一失，必要时还需要与客户一同进行路试。

（6）车辆的返修

返修对于汽车维修来说是对维修不合格车辆的补救和纠正措施，包括内返和外返。车辆返修的检测、判断工作应由质量检验员负责，并通过检验和鉴定分清责任，填写车辆返修记录表。

8.5 客户在维修服务质量管理中的作用

顾客导向服务意识在4S店售后服务过程中的确立，无疑是汽车维修行业很大的进步。然而，目前大多数4S店的顾客导向理念还仅仅停留在尽力为顾客提供满意的维修服务上，包括原厂的配件、合格的维修质量和力所能及的接待服务。据笔者观察，大多4S店提供的服务基本上仍然是站在自身的角度上，服务项目和服务流程的设计往往与客户的实际需求有差距，例如大多4S店要求服务顾问在接待每一位客户时一定要机械地执行规定的服务流程。生硬的举动既浪费时间，又让老客户觉得是一种造作。美国学者B.Schneider曾经指出：与那些全面发挥顾客作用、与顾客加强合作关系的企业相比，只把顾客当作产品和服务的最终使用者的企业必然会处于竞争劣势。因此，4S店向客户提供满意的服务只是客户导向的必要条件而非充分条件。4S店为促进提供满意服务的有效达成，必须进一步缩短与客户的距离，深入分析和挖掘客户在4S店的运营和质量管理中的角色和作用，并与客户建立长期互相依存的双赢关系。

（1）客户是资源的供应者

客户可能向4S店提供的资源包括自身和推荐的维修业务资源、转介绍的整车销售业务资源、竞争对手和市场变化的信息资源。4S店拥有的大量客户资源还有可能成为4S店开发相关业务以及控制横向联合业务的宝贵资源。因此加强对客户资源的管理和投资应提升至战略层面来考虑。

（2）客户是合作的服务者

4S店的维修服务过程始终需要客户的参与，需要客户准确地描述车辆的症状、描述他的需要，以便4S店正确识别和满足他的需求。同时，4S店需要客户熟悉、认可和习惯4S店的服务流程和服务方式，以便双方能更好地适应并达成默契。4S店可以满足一些特殊客户的某些特殊要求，但面对众多需求千差万别的客户，如果不能把客户规范到设计好的服务方式来合作，4S店想让众多客户满意将会是奢望。从这个角度上讲，客户本身也是服务的提供者。所以，4S店有必要将客户视为合作的服务提供者，及时对客户施以适当的培训，让4S店明白客户需要什么，也让客户明白4S店能够提供什么和需要什么样的配合与信息，只有这样，4S店和客户之间才有可能实现双赢。

（3）客户是服务的购买者

客户满意度是指客户在接受服务的过程中和服务结束后，根据自己的情感进行评估，在衡量所接受的服务与自己期望的差距之后所产生的满意感。而客户感觉中的质量是指客户根据4S店的形象、广告、声誉与其他间接比较标准，推断产品和服务的卓越性。客户感觉中的质量是一种先入的感觉，影响着客户的购买行为和消费行为，同时也影响着客户的期望并进而对客户接受服务后所产生的客户满意度造成影响。客户是4S店维修服务的购买者，因而4S店需要通过影响感觉质量的先期情感和形象投入，使客户形成现实的期望，从而影响客户的满意度。那些认为售后服务形象不会对维修质量产生影响的想法是错误的。

（4）客户是服务的消费者

客户是维修服务的消费者，因而客户会根据自己的期望与消费的经历之间的差异，判断自己的满意程度。如果他们的实际消费经历符合或超过他们的期望，客户就会满意。所以，4S店必须根据客户的需要，理解质量的含义。4S店与客户的交流和沟通，有助于客户形成明确和现实的期望，并形成客户的需要。需要是实实在在的，期望往往是模糊的。此时，4S店需要识别和满足的是客户的需要，而不再是客户的期望。因此，4S店应重视客户的消费者角色，加强与客户的双向沟通，预先向客户介绍服务的方式，尽力满足客户的需要，保证客户重视的服务属性的质量，保证服务的实际使用价值与预定的使用价值相符，以此提高客户的满意度。

（5）客户本身也是产品

根据国际标准化组织的定义，产品是活动的结果。客户经历了维修服务的过程，产生了满意度的评价，这种评价的结果可能会导致客户消费行为的改变，例如对4S店提出更高的要求，或者转到其他4S店购买维修服务。从这个角度看，客户就是维修服务活动过程的产品。因而，4S店需要将质量的概念从维修车辆扩展到客户本身，当然服务的范围也随之扩展。维修质量和对客户的服务质量一起构成了维修服务的总体质量。

8.6 维修过程质量控制

维修质量是与维修活动相关的诸多因素综合运作的结果，这些因素主要有预检与维修项目，配件提供，维修人员和检验人员的意识、能力、责任和行为，维修工具设备和检测设备，维修方法和维修技术，维修过程和维修结果的验证和确认等。

（1）预检与维修项目

通过预检精确确定故障部位，准确确定维修项目、维修时间和维修费用，是预检必须达到的目标，也是保证维修质量的前提和第一步。维修项目的准确界定，能够帮助客户明确维修需要，并对等待时间和维修费用做出正确的评估；使服务顾问能够准确评估客户的需要和对维修时间、维修费用和维修人员的安排做出准确的判断，同时为维修人员准确维修和提高维修效率提供基础。如果4S店不能通过预检准确地找出送修车辆的故障原因，服务顾问就不能准确地帮助客户确定维修项目，当然也不能准确地估计维修时间和维修费用了。此时维修人员必须重新对车辆进行诊断，修改维修项目和维修时间就成了家常便饭，客户的不满便由此产生。所以说，准确的预检是客户满意的开始，也是维修质量的开始。预检越充分、越准确，维修的准确率和维修效率就越高，维修成本就越低，客户的投诉就会越少。目前在汽车维修业中流传的说法"七分诊断三分维修"就是这个道理。

（2）配件提供

4S店的配件提供长期以来备受客户非议。主要原因：一是厂家原装配件价格太高，一般比市面高出2～3倍是常有的事；二是有些4S店为谋取暴利以次充好，用市面的配件冒充原厂配件，造成客户对4S店的不信任；另外，路边店便宜的维修价格也造成客户对4S店的质疑。因此，4S店在维修过程中，必须让客户验证和确认4S店使用了原装配件，并提供质量担保。如果客户对原装配件的价格有异议，应耐心解释，以解除客户的疑虑。笔者欣喜地看到，大多4S店对使用外采配件所带来的后果已经有了深刻的认识，前几年普遍存在的大量外采的情况已经越来越少。配件供应的另一个问题是及时性。有些4S店为了减少库存资金的使用而降低了配件库存，导致维修配件短缺，影响了客户满意度。有些4S店采用控制配件项目满足率和配件品种满足率的方式，使库存和供应间得到了平衡。

（3）维修人员和检验人员的能力、意识、责任和行为

维修人员和质检人员分别作为维修作业和维修结果验收的执行者，他们的能力和意识直接影响维修的完成程度和维修的质量。在传统的观念中，维修人员一旦掌握了修理技能，那他将出师成为维修师傅，维修师傅的能力将是终身的。于是，师带徒的维修人员培养制度成为流行的制度，检验人员完全由维修人员自己担任。随着电子控制技术等高科技技术不断被运用于汽车，这种制度逐渐被系统的人员培训制度所取代。维修人员只有不断掌握维修车辆的技术信息和检测技术才能适应新的要求，那些不善于学习的维修人员很容易遭到淘汰。

此外，维修人员和质检人员还要具备为维修结果负责的质量意识。由于过程疏漏而造成的维修质量问题的案例不胜枚举。许多4S店将维修人员和检验人员的薪资分别与维修的内返率和外返率挂钩，目的就是借以强化员工的质量意识和规范他们的维修作业活动和维修质量检验活动。

一些4S店实施完工车辆的QA（Quality Assurance）制度，意思是送修车辆完工后在交付前由服务顾问代表客户对维修质量进行验收，强化检验人员的责任和作用。检验人员最终检验的任何失误和疏漏，都可能直接造成质量事故而遭到客户的投诉和引起客户的不满。所以，维修质量检验人员必须由严谨、细心和负责任的人员担任，他们的检验技能必须通过适当的鉴定。

（4）车辆维修技术资料的保管和使用

汽车生产厂家在每款车型上市时都会给经销商发布相关车型的维修手册和诊断系统，并对经销商的骨干维修人员进行培训，4S店由此掌握新车型的维修技术。但是，经销商在维修过程中，会不断发现在维修手册中

没有解决的新问题。针对这些问题，汽车生产厂家一是通过技术问询的方式，例如大众公司的 DISS 系统等，帮助经销商解决现场维修中的各种疑难问题；二是通过发布技术解决方案的形式，例如大众公司发布的 TPI、APL 等技术解决方案、技术信息通报、技术论文、车辆维修报告、车辆维修资料等，让经销商及时了解和掌握新出现的车辆故障及其维修方法。汽车生产厂家发布的这些技术资料作为维修手册的补充，它们与维修手册一起，构成维修人员维修作业的作业指导书。车辆维修技术资料必须由专人负责保管，以防止损坏和丢失，并方便查询。技术经理必须及时将车辆维修技术资料信息传递给相关的维修技术人员，必要时进行培训，以便他们及时掌握最新的维修技术，确保维修质量。

（5）维修过程三级检验制度

4S 店通过建立和实施维修过程的三级检验制度，监视维修过程质量和维修最终质量，以确保交付客户的车辆为经维修合格的车辆。三级检验包括自检、互检和专检。

① 自检　维修人员对自己操作完成的工作，认真地对照汽车维修工艺规范及维修技术标准，自我进行质量评定。自检是汽车维修中最直接、最全面的检验。自检中维修人员对待维修质量自我评定，实事求是的态度是自检的关键，这一环节得到了保障，整个汽车维修质量才有保证。

② 互检　下一道维修工序对上一道维修工序的质量检验，过程检验员对维修过程中维修人员维修质量的检验和抽检也属于互检。互检的重点是对关键维修部位的维修质量进行抽检把关（例如喷漆技师对钣金工序的质量进行检验），避免出现差错，避免对后道维修工序及维修竣工车辆造成不必要的隐患甚至出现故障和返工。

③ 专检（专职检验）　对汽车维修过程中的关键点（维修质量控制点）进行预防性检验及整车维修竣工出厂的把关性总检验。

汽车维修质量三级检验是监督检查汽车维修质量的重要手段，是整个汽车维修过程中必不可少的重要环节。汽车维修过程检验一般由承修人员负责自检，专职检验员抽检，关键零部件、重要工序以及总成的性能试验均属于专职过程检验员的专检范畴。

8.7 诊断五步法及其作用延伸

8.7.1 诊断五步法

诊断五步法是宝马公司推行的针对复杂维修项目的一种汽车维修流程和技法，能够帮助维修技师快速和准确找到故障点并予以排除。诊断五步法的五个步骤如下。

（1）确认客户抱怨的故障——再现故障

记录客户的原话，按照客户描述的故障现象、发生的环境和间隔频次等，确认客户描述的故障是否存在，观察是否存在客户描述以外的其他故障点。强调如果不能确认客户的故障就不能更换零件。

（2）分析问题

在确认客户抱怨的故障后，分析故障，并利用所有能利用的资源例如车辆故障记忆、维修手册和维修系统、车辆维修历史记录、培训资料等进行系统的诊断。在这个步骤，要求用发散性思维尽力查找各种造成故障的可能性和故障点，包括使用电脑诊断仪进行检测诊断。

（3）隔离故障

将故障和其他问题区分开来。针对相关联的可能故障，假设是其中一个有故障，检测或测试其他功能是否正常，用这种方法逐步将没有故障的点排除，缩小故障范围，排除无关部件，缩短故障查找路径，最终找到一个或若干个根本的故障所在。

（4）故障维修

只有通过故障分析、隔离和证明，确认故障的根本点后，才可以确定维修或更换零件，进行合适的维修。

（5）确认故障已解决

确认故障发生的环境下维修前发生的故障是否还继续存在，确保故障已经不会再发生。

宝马公司要求经销商的技师在进行诊断维修的过程中必须填写技师报告，记录诊断五步法每一个步骤进行的真实情况，以确保诊断五步法有效实施。

8.7.2 诊断五步法作用的延伸

诊断五步法在保障维修质量方面的作用不言而喻，它经常可以帮助维修技师一次维修就能解决故障问题。然而。诊断五步法的作用还不止于此。

① 通过诊断五步法维修报告的填写，促使技师不断认真思考维修的技术和维修方案，不断熟悉相关资料，不断丰富自己的技术经历和知识，维修水平能够不断提高。因此，诊断五步法对维修技师而言是很好的培训工具和自我升值的手段。

② 对车间管理而言，车间主管和技术经理通过查看相关的技师报告，通过评价报告内容的细致程度和思考的系统性和完整性，不仅可以客观评价技师的维修技术水平和解决问题的能力，也能够客观评价技师的工作态度。

③ 通过诊断五步法维修报告，维修技师能够清楚地和相关的服务顾问交流车辆的故障和解决方案，为服务顾问与客户对故障和维修方案以及费用的沟通提供了全面的信息。特别对于故障根源与客户抱怨的故障现象不一致的情况，以及有多个故障需要增项维修的情况。根据笔者观察，对于有完整技师报告的4S店，增项维修的成功率有显著提高。

对于客户而言，完整的技师维修报告是4S店的维修水平和对客户车辆认真负责的态度的体现，也是其增强对4S店信心的重要依据。

8.8 维修信息及其管理

与维修相关的信息包括客户信息、接车信息、预检单、委托书、派工记录、配件领用记录、维修过程记录、维修过程检验记录、专用工具使用记录、专检记录、免费检查记录、结算单、回访记录及投诉处理记录等。收集维修信息有三个基本用途：一是形成维修过程、配件使用和维修责任的追溯，这一点对于有关车辆行驶安全方面的维修尤为重要；二是通过对维修记录和各种检验记录的统计，为维修质量改进提供信息支持；三是积累车辆历史信息和客户消费习惯信息，为服务顾问更好地接待同一客户提供信息基础。由此可见全面收集和用活这些维修信息的重要性。

有些4S店已经建立了一车一档的管理制度来管理维修信息，这是很好的做法。但是，一车一档的管理方式浪费了资料管理人员的大量时间，有些档案管理人员对此头疼不已。所幸的是，大多厂家已经使用了客户信息系统，例如上海大众公司的iCrEAM系统和宝马公司的DMS系统，使4S店能够详细地查询每一位客户的维修历史，并为纸面记录的保存带来了更多的灵活性。

9

变售后服务为低成本的新车销售场所

9 变售后服务为低成本的新车销售场所

目前在很多4S店的客户关系管理中存在着一个奇怪的现象，那就是在新车成交后，销售部就把客户移交给售后部，销售部不再对该客户进行跟踪。令人不解的是，4S店每年要花几十万元甚至几百万元费用去吸引那些4S店不了解的"潜在客户"来店，但却对每天几十个甚至上百个进站维修车辆的对4S店及其品牌产品有相当了解的老客户熟视无睹，白白浪费了资源。

几乎每一位销售顾问都清楚，发展一个新客户的成本是维持一个老客户成本的3～5倍。但是，大多数人也同时认为汽车行业不同于其他服务行业，当一位客户拥有了一辆汽车，他很难在短时期内有拥有第二辆同品牌汽车的欲望。有些销售顾问也希望通过老客户去转介绍新客户，但总觉得收效甚微。究竟是什么原因阻碍了4S店对老客户的再次销售和通过老客户发展新客户的努力呢？

9.1 传统的集客方法

4S店每年都要举行大量的集客活动，集客活动的方式包括车展、电视广告、报纸广告、户外广告、电台广告、发布网络软文、店头活动、促销活动、新闻发布等。集客的主要目的就是要发展有望客户，将有购买力和购买意向的客户群体吸引到4S店的展厅来，并促成其中一部分人购买。活动的方式、规模和程度经常与4S店完成阶段的销量目标所需的客流量紧密结合。

无论采用什么方式集客，4S店都要付出相当的代价。有的投资者把4S店建在汽车集市里，以汽车集市的多品牌集合、规模效应和方便顾客比较挑选吸引顾客，获得充足的客流。这些4S店几乎每天都要应接不暇地接待顾客，他们只需投放少量的广告就能收集到足够的有望客户。当然，投资者为此付出了昂贵的租金作为代价。

大多4S店没有那么幸运，他们要通过大量的广告和促销、推广活动才能获得足够的客流量。这些4S店为此需要支付大量的广告费用和活动经费，并投入大量的人力。根据一些4S店的数据，4S店的集客成本在每客500~1000元是司空见惯的，对于那些只是单店经营而非集团经营的4S店，集客的成本还会更高。有时一个花费几万元成本的报纸广告下来，4S店客流量记录表里也只能看到少数几个通过报纸广告来店和来电询问的顾客记录。

电视广告更是被广大4S店所诟病，被广泛认为是最不值得投放的。除了厂家投放的电视广告外，难得见到4S店在当地电视台投放电视广告。

与其通过广告或媒体不可控的形式集客，不如通过店头活动吸引顾客来店更直接。大多4S店通过举办各种各样的店头活动，例如建店周年庆、新品品鉴会、车辆性能展示会等把潜在客户吸引到展厅。

为获得充足的客流，大家想尽了办法，付出了很高的代价。然而，为什么不下功夫挖掘老客户呢？

9.2　从整车销售的角度看待售后的客户

我们借用O.Thomas和W.Sasser在 *Why Satisfied Customers Defect* 一文中通过对重复购买的客户分析获得的图表——竞争环境对客户满意度-忠诚度的影响（图9-1）来进行分析。

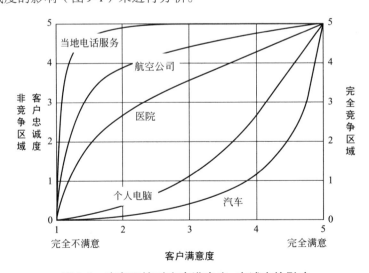

图9-1　竞争环境对客户满意度-忠诚度的影响

9 变售后服务为低成本的新车销售场所

在图9-1中有几个值得注意的区域。

在客户满意度接近5、客户忠诚度为4～5的区域，客户的满意度和忠诚度都很高。这类客户是4S店的宝贵财富，他们中的相当部分会向他们的亲朋好友介绍并分享他们所得到的满意服务。如果其亲朋好友中有谁要购车，他们会毫不犹豫地把他们的满意经历告诉他，并推荐他来购买相同品牌的车并能够享受同样优秀的服务，他们以介绍你的4S店的产品和服务为荣，因为这有益于他们的亲朋好友。如果4S店能够给予这些老客户以适当的奖励和鼓励，情况还会更好。这个区域的客户称为4S店的"传播者"。

在客户满意度为4～5和客户忠诚度为4～5的区域，客户具有很高的满意度和忠诚度，虽然4S店的服务还不能达到他们所期望的高度，但他们对4S店也是相当认可的。这部分的客户称为"准传播者"。

在客户满意度为4～5、客户忠诚度为0～1的区域，客户的满意度极高，同时客户的忠诚度又很低，这类客户经不起竞争对手的诱惑，只要竞争对手给予更大的好处，他们就会从4S店的客户群中溜走。他们不会向其他人推荐你的4S店。

在客户满意度为1～2、客户忠诚度为4～5的区域，客户的满意度很低，但相反客户的忠诚度又很高，这类客户要么是基于消费习惯、要么是因为获取4S店的服务成本很低，例如住在4S店的周边，要么是暂时还找不到自己认为合适的4S店，他们将就接受你的服务。对于这类客户，如果你还不改进你的服务，他随时都有离开的可能。这类客户不会向他们的亲朋好友推荐你的4S店。

在客户满意度为1～2、客户忠诚度为0～1的区域，客户对4S店的服务极为不满，其中有部分可能会强烈投诉，这类客户无忠诚度可言。这个区域的客户可能有一些是新客户，他们对4S店的期望值很高，但与接受的实际服务落差很大造成不满。有些客户选择忍耐、不投诉而默默离开；有些会到处宣传、渲染和扩大4S店的服务缺陷，不但吓跑4S店的潜在客户，还可能把4S店的现有客户拉跑，这部分客户称为"疯子"客户。

其他区域的客户占客户中的绝大部分，他们对4S店的服务没有太多的奢求和不满，是4S店的主要利润来源，也是4S店服务规范和服务流程的主要设计依据。这部分客户称为"中庸"客户。这部分客户很少抱怨，但也很少为4S店推荐客户，除非得到4S店的极大鼓励。

以上分析解释了4S店以及销售顾问采用老客户整体推进的方法对提高转介绍率的效果不大的原因。同时，以上分析的结果也为4S店利用老客户进行新车销售提供了思路。

9.3 重点关注的两类客户

从客户满意度对客户忠诚度影响的分析我们已经有了这样的认识，也就是大多数的客户为"中庸"客户，这部分客户满意度的提升对促进新车销售的作用并不明显，花大力气和投资并不能得到明显的效益回报。所以，如果把投入的资源集中在提高客户满意度为2~4的客户的客户满意度上，这样的投资可能会白费。

从客户满意度对客户忠诚度影响的分析使我们关注两类客户，一类是"传播者"客户，一类是"疯子"客户。"传播者"客户可以说是4S店的义务推销员，是4S店销售队伍的扩展，这类客户经常会向其他人推荐4S店的产品和服务，是4S店的宝贵财富。厦门盈海斯柯达4S店总经理肖先生曾多次向我介绍他们的客户群体，他说他们有着一个非常好的客户基盘，这个客户基盘的好不是指有多少高级别的有望客户，而是说4S店培养了一大群高满意度和高忠诚度的客户，这些客户几乎已经成为厦门盈海斯柯达4S店销售队伍的一部分，在新成交的客户中，有35%左右是这些忠诚客户介绍来的。肖先生所说的客户基盘其实就是"传播者"客户的概念。扩大"传播者"客户队伍，就等于是给4S店建立了一支编外销售队伍，这就是厦门盈海斯柯达4S店打开销售瓶颈的秘诀所在。

从客户满意度对客户忠诚度影响关系图我们还可以看到，在汽车行业，客户满意度在4~5的区域内客户忠诚度随着客户满意度的变化急剧变化。花时间和资金在此区域的客户上把"准传播者"客户培养成"传播者"客户是非常明智的，因为这样的投资得到的回报将会非常显著。厦门盈海斯柯达4S店的实践就是很好的例子。

另一类值得关注的客户是"疯子"客户，这类客户可能会有较大的朋友圈，或是某个QQ群的活跃分子，这类人很容易将所碰到的小事情夸张

9 变售后服务为低成本的新车销售场所

为天大的事情,并发表一些唯恐不能引起别人注意的不满意见,以此感染其他人,而且受此感染的人往往又很多。为消除或减少负面宣传的源头,对"疯子"客户进行一些投入是值得的。"疯子"客户与恶意客户是不同的,恶意客户从一开始就有非分或恶意的想法,而"疯子"客户的产生往往是由于4S店提供的服务与其期望有落差所产生的。因而,对于这类客户,首先是要把他们甄别出来,并把他们的消费习惯和要求识别出来,然后为他们设计专门的个性化服务。4S店通过潜入并监视跟自己有关的网站、微博和QQ群有助于4S店识别"疯子"客户,而对"疯子"客户的投入所能得到的回报也将大大超过所投入的成本。

9.4 将售后服务转变为新车销售场所的实践

在客户分类的基础上,挖掘出"传播者"和"准传播者"客户,4S店就可以开展将售后服务部门转变为整车销售场所的实践。以下思路供参考。

(1)善用客户休息室

每一位客户都喜欢在进入4S店时受到重视。实际上,客户在售后客户休息室等待修车时经常是无聊的,经常会通过看报纸、喝茶、看电视等来打发时间。如果此时与他熟悉的销售顾问能过来跟他打招呼和聊聊天,他会非常乐意。而此时恰恰是销售顾问关心客户、向客户介绍新产品和鼓动客户转介绍的绝佳时机。有的4S店规定服务顾问必须及时将正在等待维修的客户信息传递给销售部,没有接待任务的销售顾问必须关注是否有熟悉的客户在休息室里。将客户休息室里的老客户带往展厅,让老客户对新车型及其他品牌产品有所了解,销售顾问往往会有意想不到的收获。

(2)鼓励老客户介绍新客户

有的4S店专门制定了客户转介绍的奖励条例,其中包括服务顾问成功鼓动忠诚客户转介绍的提成和奖励方法,鼓励服务顾问进行附加销售的积极性;也包括对转介绍成功的老客户的奖励和感谢,例如对有转介绍成功的客户赠送车载冰箱、奖励积分和免费保养、免费救援等。通过适当的物质奖励和精神奖励，调动老客户介绍新客户的积极性。

（3）给有贡献的客户以贵宾待遇

售后服务部门建立客户积分和等级制，根据积分规则，对转介绍成功的老客户以一定的积分作为奖励。对积分达到一定程度的客户给予贵宾接待的待遇，例如车辆维修时予以优先，有权到贵宾休息室享受贵宾接待，得到4S店的节日问候等；有的4S店甚至在每季度选出转介绍明星，授予4S店的荣誉称号，转介绍明星有机会与4S店的总经理共进晚餐，有权当面向总经理提出4S店的发展建议等。有些4S店在转介绍明星的车上贴有标志，这些车辆进站时车主会受到特别的优待。

（4）激发车主的品牌归属感和自豪感

激发车主的品牌归属感和自豪感，等于激发客户转介绍的原动力，是促进客户从"准传播者"转化为"传播者"的重要举措。不少4S店通过车友会、车友自驾游、车主座谈会，甚至组织优秀车主参观厂家和听取厂家的品牌介绍等，使车主认识作为该品牌车主的自豪感，增强客户对品牌的认识与认同。

（5）将客户转介绍数量作为售后服务部的一项考核指标

客户转介绍是客户满意的结果，尤其是老客户认可售后服务质量结果后的自愿行为。有的4S店将客户转介绍率作为对售后服务部的绩效考核指标，可以引导售后服务部的业务行为，促进将售后变成低成本整车销售的场所的实践得到实施。

9.5 有效的车主俱乐部实践

多年来，大多4S店在汽车生产厂家的推动下，鼓励车主登记加入车友汇、车友俱乐部等。一些品牌主机厂将4S店的车主入会率作为考核4S店的一个指标。为吸引客户登记入会，4S店推出多种会员优惠政策，例如消费积分抵扣维修费用等。一些4S店虽然喊出了"开启车主车驾生活新方式"的口号，但没有看到持续推出相关的活动或措施，车主俱乐部优惠

9 变售后服务为低成本的新车销售场所

政策逐步沦为4S店"绑住"客户的一种工具，而客户也只是把它当成获得维修费用优惠的手续。相比4S店开展的其他优惠活动，车主俱乐部的积分优惠开始显得微不足道了。车主俱乐部开始偃旗息鼓，在很多4S店已经销声匿迹了。

然而有趣的是，在不少摩托车4S店，车主俱乐部却成为4S店整车销售和配、附件销售的主要场所。目前在中国以4S店形式经营的摩托车品牌并不是很多，有哈雷、宝马、川崎、雅马哈、庞巴迪、铃木、本田等，各个品牌的4S店数量有限，其竞争也还没有进入白热化的阶段。摩托车客户群也还在培育的阶段。大多摩托车4S店都有附属的或关系紧密的摩托车俱乐部。大多4S店都在店里专门开辟了一个区域——车主休息区，装饰非常温馨，专供车主小憩。根据笔者观察，确实有不少车主平时喜欢来4S店坐坐，或进来喝杯茶，或进来聊上几句，车主之间也看似很熟络。据某4S店人员反映，每个4S店的摩托车主都会组成一个朋友圈，买摩托车同时能加入一个朋友圈，实现一种生活方式。摩托车4S店经常以俱乐部名义举行骑行活动，他们几乎到达全国各地。一个4S店的主管告诉笔者，他们店组织的骑行仅到达珠穆朗玛峰营地就有几次，每次骑行车主响应都很踊跃。车主之间很多都成为朋友，这些人有事没事都喜欢来4S店喝杯茶或喝杯咖啡，有时把他们的朋友也带来。这些新来的人就是4S店的潜在客户，有些是直接带朋友来买车的。更有趣的是，在朋友买车时，他们还经常帮助4S店谈成价钱，车主们俨然成为4S店的助销员。车主们在一起谈论的大多是与摩托车及骑行有关的事情和探讨新车，有些人在交流中互换试驾，也有的直接购买或置换新车、购买新的附件和改装。新车销售和附件销售在车主聊天中不知不觉达成的情况不胜枚举。

笔者多年从事4S店的辅导和检查评价工作，在汽车4S店，经常有客户一听说是厂家来的人就想过来抱怨，但在摩托车4S店，还没有碰到客户现场抱怨的，却碰到很多次客户主动过来反映4S店服务怎么怎么好的。差距明显。摩托车4S店大多经营时间不长，但他们的"车主俱乐部"做法反而可以给汽车4S店一些启示。

10

创建"营服共战"的销售和服务团队

> 10 创建"营服共战"的销售和服务团队

"营服共战"是一个跨功能团队运作的概念,其目的是通过调动4S店各部门功能,准确和准时地为客户提供全过程、全方位和不间断的服务,以克服服务提供过程中各职能部门间的不协调;另外,通过销售和售后的合作,提高客户的满意度,促进客户的转介绍,获取更多的销售订单。

"营服共战"的有效开展,能够把销售和售后的人员、流程和资源混合为一个有机的整体,使4S店能够为客户开展无缝式的服务,这样既能使客户感受到4S店销售前后一致的服务,又能使4S店的资源充分整合。

有些4S店要求销售顾问、展厅经理、服务顾问和客户关爱专员必须同时参加交车仪式,通过营服共同参与的交接仪式,实现客户以及相关信息由销售部门向客服和售后人员自然、完整交接的过程,使客户了解如何接受4S店的售后服务和如何向4S店抱怨与投诉。有的4S店在客户购车后的"蜜月期"和兴奋期内,由销售人员和关爱人员趁热打铁地对客户进行访问和跟踪,帮助客户解决新车使用的问题,期望以此感动客户,争取客户的转介绍。以上这些都是4S店"营服共战"的尝试。

然而,"营服共战"可以是一个更加广泛和时间跨度更大的概念。

10.1 一次糟糕的购买经历及启示

J先生最近购买新车。开始时J先生小心翼翼,对几个品牌的车型进行调查和比对。B品牌4S店的一个销售顾问在得到J先生的问询后每天给J先生打电话,让J先生着实感受了4S店销售人员的热情和执着。但是,就在J先生交完购车款后情况发生了逆转式的变化。J先生被告知必须通过4S店上牌和购买保险,尽管J先生并不情愿,但还是接受了4S店的要求。在新车交车时,4S店告知J先生由于库存的精品不齐全,4S店稍后才能将赠送的精品和倒车雷达给J先生。随后J先生几次致电询问精品和倒车雷达的准备情况以及上牌的情况,销售顾问都回答正在准备和办理中。两星期后,销售顾问通知J先生精品已经备齐,让J先生到4S店领取。可是在到达4S店并等待近半小时后,J先生被告知由于J先生晚于另外的客户到达4S店,部分精品已被赠送给其他客户。一星期后J先生终于如数领到4S

店赠送的精品。但是，令人啼笑皆非的是，红色的轿车被装上了黑色的倒车雷达。J先生立即表示不能接受，要求4S店立即处理，但4S店的售后服务部表示可以为J先生处理，但需要两天的时间。此后，J先生多次与销售顾问联系，催促尽快办好上牌手续，每次销售顾问都告知J先生已转告负责办理上牌手续的支持人员，但都得不到确切的答复。J先生要求直接与销售支持人员对话，但都被销售顾问婉拒。将近一个月后，J先生终于接到上牌手续已经办好的通知。J先生从单位请假前往4S店安装车牌，出乎J先生意料的是，他发现售后服务部没有将车牌装牢靠，车辆开动后车牌竟然发出振动的声音。售后服务部表示可以重新处理，但紧固螺钉的塑料盖可能会被破坏而影响美观。不仅如此，当J先生向4S店索要代缴购置税的税票时，财务部人员告诉J先生财务部还没有准备好。J先生愤怒了，要求4S店必须在当天把所有事情办妥，否则将投诉并退车。

相信大多数汽车销售行业里的人对这个案例都似曾相识，因为很多人就亲身经历过。在这个案例中，可能是4S店的资金运作发生了问题，销售顾问不能向客户说明真相而采用了拖延的手段。但同时表明，4S店各部门之间没有进行有效沟通，客户信息、订单信息和业务进程信息没有共享，4S店各部门间未形成协同，有关人员与客户间的沟通没有可靠的信息基础。同时，各部门明显没有承担履行客户服务的责任，致使4S店对客户的服务提供出现连环的错误。

可见，4S店要提供优质的服务，除了销售部门和售后服务部门外，还需要4S店所有支持部门参与协同作战，尽管这些部门并没有直接面对客户。

10.2 销售和服务流程角度的"营服共战"

从销售和服务流程角度分析"营服共战"，目的是要确定哪些部门的人员必须投入和参与"营服共战"以及投入和完成的时机。

在销售阶段，市场部担负吸引客流的任务，市场部需要通过媒体传播、户外广告、推广和促销活动等形式将足够多的潜在客户吸引到展厅或

> 10 创建"营服共战"的销售和服务团队

者户外活动现场,并为展厅和活动现场营造恰当的气氛和环境。销售人员需要快速地从潜在客户中遴选出有望客户并促成交易。客户接待过程起主导作用的是销售顾问,但试乘试驾专员在试乘试驾过程中的专业展示和专业解释、展厅接待员的配合等对客户的购买心理影响也很大。

在成交以后,销售支持部门人员的配合质量将成为客户满意的关键。例如赠送精品的质量和发放速度、汽车装潢的速度和质量、上牌手续的办理速度、财务手续的简便程度等,配合的人员包括配件和附件仓库计划和管理人员、汽车装潢人员、销售支持人员和财务人员等。销售顾问需要将客户的个性化需求信息和对客户承诺的信息准确地传递给有关部门的人员,确保有关人员在准确的地点和准确的时间完成要求的业务并提交完整的结果。

售后服务活动是"营服共战"的薄弱环节和关键环节。销售顾问对客户的承诺往往包括了对售后服务的承诺,例如免费保养、免费救援、维修速度和便捷性、事故处理和保险处理等的承诺,这部分承诺通常情况下不在销售部的职能范围内。经常发生销售顾问对客户的承诺超出售后部门的常规服务程序甚至服务能力的情况,而没有事先与售后部门沟通。售后服务活动时期"营服共战"的目的是通过增强客户的满意度和信心延长客户的兴奋期,以达到客户转介绍或再次购买的目的。

售后服务的"营服共战"涉及服务顾问、救援人员、配件提供人员、修理人员等,这些人员除了要执行4S店的服务流程和服务规范外,还要履行销售部门对客户的承诺,确保客户满意。

10.3 实施"营服共战"的准备

实施"营服共战"可以减少4S店由于销售和售后服务的功能不同而导致的服务流程割裂,使客户能够享受销售前后一致的服务,从而增强客户的满意度和信赖感,其价值不言而喻。从4S店本身运营的角度来看,"营服共战"实质上是服务链上各个环节的员工以积极的服务态度提供服务,无论哪一个环节,一旦发现销售机会或者进一步提供服务的机会,都应立即有人员抓住机会积极销售或提供服务，其他节点能够立即调整和适应并自觉予以协助，整个4S店的所有部门和人员都以合作的心态为4S店争取和抓住每一项可能的业务，并让客户满意。

对于实施"营服共战"并希望使"营服共战"成为服务常态的4S店，必须做好以下准备。

（1）信息共享准备

各个服务提供环节掌握相同的客户信息是实施"营服共战"的基础，这些信息包括客户资料信息、客户需求信息、客户已接受的服务信息、上游节点对客户的承诺和已经兑现的情况、对客户各项承诺的承担兑现部门和人员以及承诺兑现的时间等。这些信息必须输入同一信息系统以通知到下游的相关部门，使相关的下游部门和人员做好提供服务的准备。

（2）规则准备

4S店必须制定"营服共战"的活动规则，例如，如何发现服务机会，如何发起"营服共战"，主动节点的形成和领导责任，从动节点的主动协同责任，临时跨部门组织的形成和活动方式等。这些活动规则既解决了"营服共战"活动的组织准备，也解决了跨部门造成的指挥不一致而导致的不协调，为各部门相关人员自觉和主动履行业务责任和上游节点对客户的承诺提供了制度上的依据。

（3）人员准备

"营服共战"往往要求参与的人员必须完成跨功能的服务提供，很难想象当客户询问的有关4S店提供的服务内容必须由负责接待的人员以外的人员来回答的情况。所以，实施"营服共战"的4S店，必须对所有的相关人员进行培训，让每个人都掌握除本职工作外上下游的服务规则、服务内容、服务流程和服务政策，以使每一个服务节点都能够提供恰当的服务和服务承诺，而不会给下游节点造成超出服务能力的服务提供压力。不恰当的承诺不仅会对下游服务提供节点造成压力，还会引起客户不满和投诉。

（4）落实责任

4S店必须确定和落实参与"营服共战"人员的责任，包括落实活动的圆满程度,例如活动的准则和接受标准、时间限制要求的责任,防止由于活动实施不到位造成的结果差距和客户不满。活动准则和接受标准以及服务提供的时机及时间限制要求,既有客户的心理需求因素,也有4S店对自己的定位因素。当出现4S店的服务准则不能满足客户的期望时,服务提供的节点应将客户的期望予以详细描述,以便下游服务节点的理解。制定活动接受标准的目的在于可以对服务提供的结果给予评价。

(5)主动寻找战机和主动补台意识的准备

销售顾问的职责就是要累积和寻找销售机会,而售后服务人员和其他销售支持人员却不同,他们没有销售和发展业务的责任。明确的人员责任划分也常常成为对其他人由于服务履行责任缺失或履行不到位的情况视而不见的借口。但在实施"营服共战"的4S店,情况发生了变化,主动寻找销售和服务机会、主动协助和互相补台也成为他们的责任。但问题在于,如果他们没有履行这种职责,4S店的管理层并不能发现和给予恰当的评估。因此,主动寻找战机和主动补台意识的培养成了4S店实施"营服共战"战略的重要准备。凡是制度难以保障的情况,员工的意识和企业文化就会成为制度的重要补充。

(6)激励机制准备

员工的考核标准和薪资构成是员工履行职责的指挥棒,考核是压力,薪资是动力。薪资结构的不同直接造成员工履行"营服共战"职责的不同。例如,销售顾问的销售提成与成交订单数量以及销售过程的客户满意度有关,与随后的售后服务满意度无关;服务顾问的薪资与接待维修台次和客户满意度有关,与保有客户的转介绍率和再次购头率无关;销售支持人员的薪资与办理的保险和上牌数量有关,与完成的时间无关;试乘试驾专员的薪资与试乘试驾客户的接待数量有关,与试乘试驾客户的成交率无关等。薪资制度设计的缺陷导致员工履行"营服共战"的动力不足,"事不关己,高高挂起"。因此,在实施"营服共战"战略时,对员工的薪资制度进行调整或者重新设计是必要的。

10.4 常见问题及对策

一些实施"营服共战"的4S店没有取得预想的效果，其存在的典型问题有以下几种。

（1）流于形式

例如，销售顾问没有及时转移客户信息，致使下游参与的人员只是形式上接受业务和参与。又如，虽然服务顾问和客户关爱人员参加了新车交车，但只是礼节性地参与或者是为了执行4S店的制度要求，销售顾问把责任移交出去了却没有把客户信息、对客户的承诺和客户的个性化服务要求有效移交。

解决这类问题的方法是通过建立客户信息共享系统及时将有关客户的各类信息发布给相关人员，并指定承担下游活动责任的人员。为防止信息传递不到位和上游服务提供节点的服务人员过早退出和推卸责任，以及下游服务提供节点人员或者服务支持人员不承担进一步的服务责任，应制定必要的团队考核和奖金分配制度。

（2）参与人员不足

许多4S店在实施"营服共战"时过于强调销售、服务和关爱的"三位一体"，强调销售顾问、服务顾问和客户关爱人员的合作与交接，具体做法是规定在新车交车时三者都必须到场，以及三者在新车交车时各自向客户介绍交接的内容和责任。"三位一体"是一项很好的制度，但如果没有规定必要的后台内部交接以及对支持部门和人员的要求，那么将会导致将有关支持人员及其协同的责任排除在外。此外，由于销售和服务支持人员没有销售业绩奖金，4S店没有明确他们的活动行为准则和接受标准，这些人员没有配合销售人员的动力，更没有参与"营服共战"的热情。

解决这类问题的重点，是要对4S店的业务流程进行仔细分析，识别每一个服务细节，定义执行这些细节的责任人员、参与活动的时机和必须完成并交接活动结果的时限，将它们纳入相关人员的绩效考核，并与薪资挂钩。

10 创建"营服共战"的销售和服务团队

（3）范围和时间跨度不够

大多数实施"营服共战"的4S店把活动的范围定义在新车交车过程中，也有的定义在新车交车后的3个月内。把活动的范围定义在新车交车过程中，是因为整个过程需要销售、售后和客户关爱三方参与，由于有销售人员和售后服务人员参与，所以冠以"营服共战"。而那些把"营服共战"的时间限制在新车交车后的三个月内，是因为在这段时期客户处在用车兴奋期，最容易向亲戚朋友和周围的人介绍用车感受从而影响周围的人，4S店的任何动作都可能成为客户对外介绍的话题，所以是促成其转介绍的最佳时机，而在这段时期，售后服务情况对客户的影响已经超过销售阶段对客户的影响。

然而，正如10.1中案例所描述的情形，影响客户情绪的因素贯穿于客户购买和其后接受服务的全过程，将"营服共战"限制在销售和服务全过程的某一个片段是不合适的，"营服共战"要求4S店全过程、全方位为客户提供不间断的服务，实施"营服共战"战略的4S店应当将"营服共战"的计划覆盖销售前、销售中和销售后的全部服务过程。

11

客户投诉

> 11　客户投诉

客户投诉是服务型企业不能避免的问题，4S店也不例外。客户投诉的内容五花八门，例如客户的期望没有得到满足，4S店或服务人员对客户的承诺没有兑现；客户认为服务人员提供了虚假的信息，服务人员对客户服务态度冷漠、粗鲁或不礼貌，客户认为服务人员对他不够重视等。尽管客户的投诉不一定都合理，也不见得都是4S店的责任，但可以肯定的是，直接与客户接触的服务人员没有及时发现客户的不满和有效平息客户的怨气，或者客户认为接触的服务人员不能解决他的问题或者已经对服务人员产生不满，认为有必要绕过服务人员直接向更高级别的机构或者人员反映才能解决他的问题。

如果客户投诉得不到及时和妥善处理，可能会导致客户流失，严重的可能导致4S店和品牌的危机，甚至可能造成行业的危机。客户投诉得到妥善解决，本来抱怨的客户可能转变为比没有投诉的客户更加忠诚的客户，这些道理已经逐步被众多4S店所认识。

然而，处理客户投诉经常被认为是件讨厌的事情，因为4S店需要为此付出人力和时间，甚至需要经济上的补偿。如果4S店不是鼓励服务人员及时发现和解决客户的不满，而是对发生现场客户投诉的服务人员给予批评甚至惩罚，情况将会变得更加糟糕。服务人员可能为了逃避批评而掩盖和截留客户的不满，有的甚至采取哄骗客户的方法换取客户的暂时满意。这样做的结果是可能暂时掩盖客户的不满，客户投诉率较低，但4S店为此失去了改进的机会和付出不明不白地流失客户的代价。

11.1　会投诉的客户是好客户

11.1.1　大部分不满的客户不会投诉

一项美国OCA(美国有机食品消费者协会)/白宫全国消费者调查显示，

对损失超过100美元的不满意顾客,有91%的人选择不投诉也不再重复购买,9%的人选择投诉;在投诉的顾客中,如果投诉没有得到解决,其中81%的人选择离开,19%的人会继续购买;如果投诉得到解决,有46%的人选择离开,54%的人选择继续购买;如果投诉得到迅速解决,18%的人选择离开,82%的人选择继续购买。

我们可以从以上调查结果得到结论:当客户有不满时,如果他选择了投诉,那么他就更可能选择继续购买你的服务;如果投诉得到解决,情况更是如此;如果对投诉反应和处理及时,客户会变得忠诚;但如果客户选择不投诉,那么大部分人可能选择离开而不给你改正的机会。

这个结论在4S店的流失客户分析中也得到证明。4S店流失的客户大多没有投诉的记录。根据一家4S店的调查,54%的流失客户认为对4S店不满进行投诉是在浪费时间。

11.1.2 投诉是客户对4S店心存期望

俗语说,"哀莫大于心死",当你对一个人已经不抱希望时,你再也不会对他提任何意见。根据这个道理,当客户投诉时,说明他还心存期望,希望4S店帮助他解决问题。因此,投诉意味着客户期望4S店解决问题并随时可能继续接受4S店的服务,而客户不投诉往往意味着客户已经放弃。所以说,会投诉的客户是好客户。

有些4S店将投诉称为"金块",因为投诉能够帮助4S店更加了解客户的期望并获得改进的机会。这些4S店十分了解客户投诉的价值,而不是将它们看成令人头痛的事情,甚至有些4S店在刻意开发客户的不满,鼓励客户在认为有问题时进行投诉。例如,厦门盈海斯柯达4S店采用"10分"满意卡的形式与客户达成满意服务的"契约",鼓励客户在离店前向4S店倾诉不满或期望,并承诺4S店将及时改进。

11.2 客户投诉原因分析

11.2.1 平息客户不满只是解决问题的第一步

客户一旦投诉，他最期望的是他的问题能够得到重视和解决，而不关心问题发生的深层次原因。因此当接到客户投诉时，必须尽量详细地了解客户的问题和为什么投诉，根据客户了解的情况安抚客户并承诺及时调查和答复。安抚客户的情绪是此时的第一要务。

4S店一旦承诺给客户答复，就要按时办理，绝不能以敷衍的态度对待客户，这是避免客户愤怒和矛盾激化的办法。即使不能在承诺的时间完成投诉处理，也要回电和客户沟通处理的进度，让他知道你没有忘记承诺并正在尽力办理。对于4S店有责的投诉，例如产品质量、维修质量、服务质量等，要及时提供解决和弥补的方案；对于4S店无责的投诉，也应想法帮客户找到原因和解决问题的方法。

有些4S店的服务人员在接受客户投诉时，采用哄骗和敷衍客户的方法，其实这些服务人员什么也没做。这种做法是绝对不可取的。在某4S店，笔者曾经通过电话回访员用电话访问一位投诉的客户，愤怒的客户在我们的安慰下讲述了在4S店多次被"蒙"的经历。而他所投诉的服务顾问却非常满意自己的接待过程并引以为"经典案例"，因为该客户每次怨气都能被他"有技巧"地平息。真诚，永远是化解客户不满的钥匙。

很多4S店的客户投诉处理流程都以平息客户不满作为处理客户投诉的目标，他们要求有关部门和人员详细记录客户投诉的内容、责任人、处理方式以及对客户再回访的情况，这无疑增强了员工处理客户投诉的责任心和处理客户投诉的规范化。然而，客户满意投诉的处理结果并不能说明4S店不会再出现同样的错误。客户重视的是投诉处理的结果，而4S店应该重视事件所带来的教训，以及如何防止同样事情的再度发生。所以说，平息客户不满只是解决问题的第一步。

4S店必须寻找引起客户投诉的内在原因。这些原因可能是4S店的服务项目或服务流程已经不能满足客户的需求，4S店对服务顾问的监管机制存在缺陷，4S店的内部沟通机制不够完善，4S店现有的服务设施不能适应客户需求的变化，4S店的服务质量管理流程没有被严格执行等。无论分析的结果如何，这些内在原因往往给4S店提供了改进的方向，也为具体改进措施的制定提供了框架。

通常而言，4S店对客户投诉的处理可以有三个阶段的原因分析：第一阶段是引起客户投诉的原因，是什么原因导致客户的不满，这一点将成为平息客户不满的依据；第二阶段是对于4S店有责的客户抱怨，4S店应寻找为什么会产生或导致客户投诉的原因，是哪些不足所导致的，特别是对流程和制度、服务设计执行是否存在偏差的分析；第三阶段是每月在对客户投诉类型的统计后，针对有共性的客户投诉，进一步寻找服务流程、服务系统、服务方式、服务设计中与客户的需求存在偏差的方面，这一阶段经常会使服务系统改进或完善。

有些4S店虽然也认识到通过客户投诉进行服务改善的重要性，但由于没有掌握原因分析的有效方法，不能找到发生客户投诉的真正原因，以至于不能找到有效的改善措施。

11.2.2　客户投诉"五缺口"原因分析法

在诸多客户投诉的原因分析方法中，一汽丰田使用的"五缺口"分析法被认为是发现原因和解决问题的有效方法。

"五缺口"分析法见图11-1和表11-1，供读者参考。

根据客户投诉的原因，对比"五缺口"分析法流程框图逐一分析，存在的缺口就是客户投诉的根本原因。分析缺口的过程既是获取客户投诉根本原因的过程，也是解决问题的过程，因为当你获得问题的症结时，几乎同时就有了去除症结的措施，至少能够知道应该怎么做。必须说明的是，问题的根本原因必须通过客观分析得到，任何主观的推断和臆测都会给客户投诉的管理带来危害。很多4S店在缺乏原因分析的情况下就提出了改进措施，结果是既浪费了时间和资源，又不能解决问题。

11 客户投诉

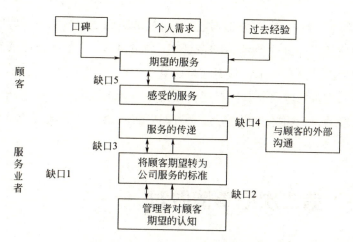

图 11-1 "五缺口"分析法流程框图

表 11-1 "五缺口"分析法使用说明

缺口	意义说明	影响缺口的原因	产生缺口的主要因素	差距来源
缺口1	认知差距：消费者期望与经营者认知产生差距	服务业者未能真正了解顾客对服务的期望所致	顾客关系营销导向不足：高层缺乏与顾客的沟通；加强一线人员与上级的沟通，特别是一线人员的信息提供	服务业者
缺口2	标准差距：没有将消费者期望转换成标准的业务流程	服务业者未提供符合顾客所需要的服务标准	拙劣的服务设计流程 顾客服务品质目标的设定工作流程标准化 服务硬件设施差	
缺口3	执行差距：提供的服务与服务流程规定	服务流程标准贯彻不到位，造成顾客对服务品质认知的影响	人力资源政策的缺失 未能授权给一线人员 顾客未履行其角色 服务中间商的问题（窜货）	
缺口4	促销差距：服务标准传递与外部沟通的差距	服务业者提供过多的承诺或保证，当顾客实际得到的服务无法达到此水准时，反而降低顾客对服务品质的评价	缺乏整合性的服务行销沟通 未能有效管理顾客期望 高承诺、低付出 水平沟通不足：广告企划人员与一线人员沟通	
缺口5	感受差距：消费者感受和消费者期望	顾客满意度=顾客的期望－顾客的感受		顾客

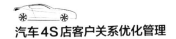

然而，选择了有效的改进措施只是解决问题的开始。对问题的解决效果如何还必须经过验证活动来证实。有些4S店以为验证是派人去检查确定的措施有没有实施，其实这是误解。验证活动的目的是要确定通过实施确定的改善措施之后，同样的问题还会不会再次出现。只有确认问题的根源已经消除，同样的问题已经不可能再次发生，才可确认改善活动结束。

11.3 第二次把事情做对

"第一次把事情做对"已经成为很多4S店推崇的服务理念。不少4S店通过建立完整细致的服务流程和服务规范，推行ISO 9000质量管理系统，强调向客户提供零缺陷服务，就是希望每一个提供服务的人员都在第一次就把事情做对，以此获得客户的满意。"第一次把事情做对"通常被认为是一种低成本的运行方式，因为这样做可以降低企业质量损失成本和由于质量问题带来的补偿成本。

"第一次把事情做对"的理念最初来自制造业，但同样适用于服务业。与制造业不同的是，在服务业，有时尽管提供的服务不能令客户满意，但如果以超过顾客期望的方式解决客户的抱怨，第二次把事情做好，那么可能会创造出比"第一次就把事情做好"更高的顾客满意度和客户忠诚度。不少4S店的客户关爱总监有这样的经验："如果客户的投诉能得到满意的处理，这些客户大多会成为4S店的好朋友，具有很高的忠诚度"，说的就是这个道理。

问题是，当4S店有机会把客户投诉处理好时，4S店并没有把事情做好。随之发生的情况是，虽然4S店尽力把客户投诉处理了，但客户还是不满和流失了。不少客服人员抱怨，尽管他们解决了客户投诉，但似乎客户并不领情。发生这种情况有两个共同点：一是当客户投诉时负责答复客户的人员总是先推脱责任，尽管大多情况他们仍会为客户处理问题；二是当推脱不了责任时会直接问客户"你想得到什么补偿"，把提供额外的免费服务和产品作为平息客户不满的手段。有时，电话回访员对客户不满意的处理也只是敷衍了事，例如电话回访员在接到客户反映车辆修理后仍存

> 11　客户投诉

在某些故障或异常的不满时，通常是让客户在有空时将车开回4S店检查，然后就没有了下文。客户可以感觉到4S店的客户投诉处理人员没有足够的诚意。

值得注意的是，客户在投诉被处理后经常是"被满意"的。客户在投诉后，经常会接到多次由4S店各有关人员打来的询问电话，问他是否对4S店的处理感到满意。尽管客户有时并不满意，但他不想再惹麻烦，或者他认为进一步的投诉将会导致许多人的不愉快，所以他宁愿选择回答"满意"。因为只有如此，他才可以避免进一步的"电话骚扰"。

当客户因4S店的服务而产生损失时，4S店给予客户一些补偿是理所当然的做法。然而，如果4S店从一开始就假设客户是企图通过投诉来获得补偿或者4S店从一开始就希望通过提供补偿来修复与客户的关系，客户虽然得到某些补偿，但他们并不会因为得到补偿感觉就好一些，相反，在通常情况下他们的感觉甚至会更差。在更多的情况下，客户希望通过投诉获得重视，希望遇到的问题能够解决，因此，他们需要的是4S店的快速答复、问题得到快速解决，他们并不关心4S店内部是否层层汇报或采取什么措施，而以单纯的物质补偿为平息手段的投诉解决方案，往往会使客户产生4S店马虎应付客户投诉或4S店无能力解决客户投诉的感觉。

12

聆听客户的声音

> **12 聆听客户的声音**

客户是一个企业的价值所在，客户关系是企业的最大无形资产，客户关系的重要性越来越成为服务业的共识。设立客户关系管理部门，由专门的人员来处理和维护企业与客户之间的关系，是服务行业的大势所趋。

然而，在汽车销售和售后服务行业，许多品牌的4S店并没有设立专门的客户关系管理部门，只设置了电话回访岗位，负责对客户维修结果的满意情况进行"礼节性"的电话回访，并抚慰有抱怨的客户。有些品牌的厂家要求经销商建立客户关爱机构，配备专门的客户关爱人员，但这些人员并没有发挥明显的作用。

在一家4S店，新设立的客户关爱部被安排在一个仓库的角落里，从展厅和售后接待厅要走2～3分钟的路程，七拐八拐穿过几个车间后才能到达。可以肯定，这家4S店的管理者就没有弄清楚什么是客户关系和客户关爱。简单地说，把客户关爱人员与客户隔得这么远，怎么去"关爱"客户呢？

12.1 什么是客户关爱？

有一个经典的案例。某先生到美国留学，太太前往陪读。半年后，太太怀孕。在临产前的3个月内，他家定期收到附近一家商场的有关孕妇用品的广告；孩子出生前后那几天，又陆续收到婴儿用品广告及免费试用的几种小包装奶粉。这时夫妇对此甚觉奇怪，来美国时间不长，当地的商家是如何得知太太怀孕的呢？后来才得知，太太常去购物的这家商场，根据她以前购买卫生巾的频率及间隔这么长时间没有购买卫生巾的记录推断出她怀孕，而且准确地推算出太太怀孕的时间。这对夫妇为商家对一个普通女顾客的细心关注感到非常满意，从此成为该商场的忠诚顾客。

这个案例在实质上说明什么是客户关爱。客户关爱就是对客户细微的关心，这种关心不仅表现在对客户的言语上，更表现在行动上。而施以这些关心的基础，就是准确地掌握客户的相关信息和做出准确的判断。所以说，客户关爱部的主要任务和基础工作，就是要掌握准确的客户信息并加以分析，以此了解客户的需要与偏好，通过策划、实施和协调，使4S店能够主动向客户提供贴切的和有针对性的关心和服务，让客户感动；同时，对客户信息的准确掌握，为企业的市场活动提供方向。从客户关系管理的角度而言，客户关爱就是通过客户信息或与客户的双向交流，识别和预知客户的需求和期望，并以适当的方式满足和超越客户的需求和期望，使客户满意和感动，从而取得客户的信任和支持，并由此创造忠诚的客户管理活动。

不同品牌对客户关爱部门的职能有不同的规划和要求。例如，一汽丰田认为，客户关爱必须实现以下三个层次的目标。

① 核心目标。增加销售额、产值、利润和市场占有率。

② 主要目标。赢得足够的新客户；建立信息全面的客户数据库；增加4S店与客户的沟通机会；培养客户的忠诚度；为4S店其他部门提供支持。

③ 次要目标。提高品牌形象和4S店形象；增加客户入店的次数；增加产品的使用和购买次数；支持经销网络等。

次要目标支持主要目标的实现，主要目标支持核心目标的实现。图12-1所示为一汽丰田客户关系部的目标梯度。

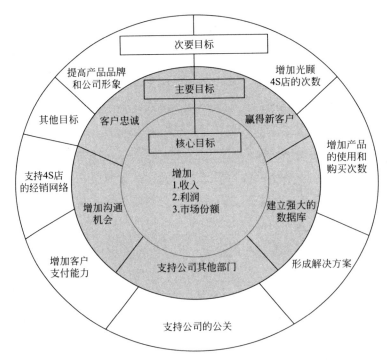

图12-1　一汽丰田客户关系部的目标梯度

例如，为实现规划的客户关心目标，一汽丰田为客户关系部安排了CS（Consumer Satisfaction）企划管理、CS培训、CS调查与回访、CS改善与提高、客户信息管理、客户关系维护和主营业务支援七项职能，如图12-2所示。

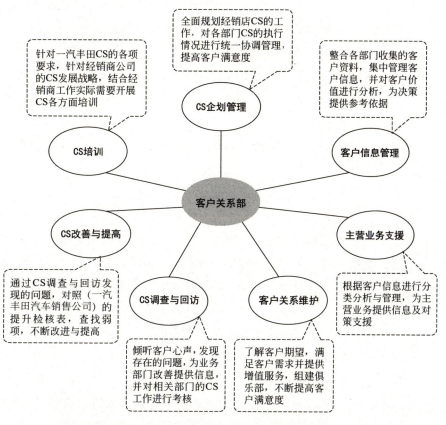

图12-2　一汽丰田客户关系部的七项职能

目前，绝大部分的4S店都建立了客户信息管理系统，例如上海大众公司的iCrEAM系统，详尽地记录了客户信息以及销售顾问与客户的交往、客户车辆的维修保养等数据。如何从这些数据中获得有用的信息，帮助4S店开展有针对性的客户关爱工作，已经成为每一个4S店必须认真研究的课题。

例如，利用客户的里程信息进行首次保养和常规保养日期的计算，并由此开展首次保养和常规保养的提醒和跟踪。尽管各4S店对预计保养时间的计算方法有很大不同,但首次保养和常规保养提醒服务正逐渐被大多4S店采纳。

几乎所有的4S店都开展了维修后的客户电话回访活动。回访的内容通常包括对维修质量、服务过程、价格、服务态度等的评价。电话回访由专设的电话回访员执行,并根据维修信息系统所提供的有限信息进行。由于电话回访员掌握的信息有限,这种回访很容易成为礼貌性的"例行公事"。大多数客户对被"例行访问"的感觉明显,于是经常只是敷衍了事,这一点从4S店自行回访的结果与厂家的SQS[1]和CSS调查结果大相径庭的情况就可以证实。因此,一些4S店要求电话回访员在电话回访前要仔细阅读有关的《维修委托书》和客户资料,并和服务顾问事先沟通,对在现场有抱怨和异议的客户做重点注释,以此提高回访的针对性和对客户的关怀度。

通过一线服务人员和回访员聆听客户声音,是4S店获知客户需求和客户状态的最直接的途径。一个好的服务顾问和电话回访员通过与客户的接触和对话就能够知道,客户对4S店的服务究竟有多满意和离流失还有多远,以及4S店是否需要采取必要的关爱行动和改善措施。

例如,厦门盈海斯柯达4S店采用"10分"满意卡的实践是一个创造聆听机会的很好的范例。与一般的4S店的电话回访只记录客户的不满、抱怨信息不同,厦门盈海斯柯达4S店要求客户按自己的标准对感受到的服务打分,如果客户所给的分数没有达到满分10分,电话回访员必须记录客户感觉的4S店还可以改善的地方。厦门盈海斯柯达4S店每周对客户的看法进行总结和分析,及时讨论改善的可能性和客户改善建议的可行性。通过完善的内部沟通机制,客户的不同要求能够准确及时地传递给对应的服务顾问,确保客户在下次接受服务时感受到因为他的建议所引起的变化。

厦门盈海斯柯达4S店的"10分"满意卡如图12-3所示。

曾经有4S店的客户关爱总监问笔者,市场推广究竟是不是客户关爱的职能,实际上,客户关爱已经包括了售前、售中和售后的各个阶段,潜客发展、有望客户跟踪、成交客户服务、售后客户保留,无不需要4S店

---

[1] 销售客户满意度,相当于SSI,全书同。

> **我们的目标是让您"10分"满意**
>
> 我们致力于为您提供最好的"10分"服务。如果您觉得您的爱车在维护、保养期间有任何地方不够"10分"满意,请给我们一个机会在您离开之前改良完善。您只需拨打5152××××告知我们您所遇到的问题,我们将及时解决。
>
> 感谢您选择盈众斯柯达,为了赢得您的"10分"满意,我们将继续努力……

图 12-3　厦门盈海斯柯达 4S 店的"10分"满意卡

（资料提供：厦门盈海大众汽车销售有限公司）

的服务人员付出真心。市场推广尽管可能是品牌推广,可能是产品推广和促销,也可能只是4S店的集客活动,但顾客可以从中感受4S店的待客之道和服务理念。客户关爱的影响是潜在的、巨大的。

12.2　客户关爱总监

12.2.1　客户关爱总监的职责

客户关爱总监既是4S店客户关爱管理活动的策划者和组织者,也是员工执行客户关爱要求的监督者,客户关爱总监是4S店客户满意度的首要责任人,对4S店的客户关系和服务质量有着举足轻重的影响。在成功实施客户关爱管理的4S店,例如在厦门盈海斯柯达4S店,客户关爱总监在4S店中有权调动4S店的资源和协调销售部门和售后服务部门的客户关爱活动,每月对全体销售人员和服务人员进行客户满意项目的绩效考核。客户关爱作为4S店的一种经营职能,有别于销售管理、售后管理、修理质量管理、人力资源管理、财务管理等4S店的其他经营管理职能,它经营的是4S店的形象和客户维系这种无形的资产，但这种无形资产的质量却时刻影响着4S店的销售业绩和售后服务。

客户关爱总监作为4S店客户满意度的首要责任人，其职责可以归结为客户信息分析和处理、4S店形象和满意度管理、客户关系协调、有关客户关系决策的咨询、服务理念和意识的培训五个方面。

（1）客户信息分析和处理

准确掌握客户信息是实施客户关爱的基础和依据，没有对服务环境的监测和分析，没有对客户信息的有效掌握，就不能有效识别客户的需求，更谈不上有效的客户关爱了。不适当的客户关爱活动不但不能起到客户关爱的作用，还可能成为对客户的"骚扰"。

例如，有些4S店在开展首次保养提醒服务过程中，客户关爱专员统一在客户购车三个月时给车主群发首保提醒的短信，并由服务顾问电话跟踪。事实上，此时大多数客户的行驶里程离首保的里程还很远，客户对频繁的提醒颇有微词。

对客户首保提醒时间的准确估算来自对客户购车后行驶里程进度的了解。客户关爱人员可以在客户购车后的某个时间点通过电话访问客户的行驶体验和了解客户是否需要帮助，顺便了解行驶里程情况来推算客户首保的预计时间。常规保养的提醒方法与首保提醒的方法类似，这种提醒的基础就是对客户行驶里程的准确掌握。

除了车辆的行驶信息和修理信息，客户信息还包括性格、消费习惯、支付能力、社交圈、接受4S店服务的经历和感受等。通过对特定客户的维修历史数据的分析，可以了解该客户的用车和消费习惯；通过对客户结构变化、客户流失趋势、客户转介绍率和客户消费单价变化的分析可以清晰地看到客户维系的质量。

新车销售和车辆维修后的回访是了解客户信息的最重要途径，客户关爱总监对电话回访员电话回访的深度和有效性必须予以监督和验证。有些电话回访员在执行电话回访时只是在例行公事，他们甚至不知道客户在4S店接受了什么服务，修理了什么项目，更不用说预先去了解这些客户的期望和消费习惯了。保证电话回访员回访前掌握客户信息并如实和详细地记录客户的问题和期望、及时传递客户信息是客户关爱总监的重要责任。

CSS、SQS和MS调查报告是客户满意信息的重要来源，这些报告提供的信息能够帮助客户关爱总监非常有针对性地开展督导和改进销售顾问和售后服务人员的服务行为。

客户投诉反映了客户对4S店服务的不满，但同时也表示客户对该4S店心存期望，客户抱怨的信息往往隐含着4S店改进服务的机会和方向。因而，除了要责成相关部门和人员及时解决客户的问题、安抚客户的情绪外，客户关爱总监更重要的工作是要及时组织相关人员讨论问题发生的根本原因，确定改进的措施，确保同样的问题不会再度发生。

无论是从CSS、SQS、MS调查发现的问题，还是从客户抱怨中发现的问题，客户关爱总监都必须责成相关人员进行根本原因分析，以确定解决问题的有效方法。

（2）4S店的形象和满意度管理

4S店的形象包括4S店的硬件形象、环境形象、服务人员的仪容仪表和行为形象及支持人员服务行为的理念。4S店通过实施CS战略提高客户的满意度，进而培养客户的忠诚度。

客户关爱总监通过4S店本身的日常检查和借助厂家的SQS、CSS、MS[1]、HIC[2]检查，及时发现4S店在组织形象上存在的问题，责成相关部门和人员分析原因并采取纠正措施，监督纠正措施的实施并及时进行有效性的验证，确保客户满意度的逐步提升。

此外，客户关爱总监还必须根据客户需求变化的情况，策划和制定4S店的客户满意度提升计划和客户关爱策略，并监督落实。

（3）客户关系协调

协调是指在沟通的基础上，经过调整达到4S店与客户间的互惠、互利以及关系和谐。协调的重要作用在于保持4S店及其员工和客户间关系的平衡与稳定，确保员工认同4S店的服务理念，真心为客户服务，而客户也认同4S店的服务方式，并与4S店的服务人员保持良好的人际关系。

协调分为内部协调和外部协调。内部协调的目的，就是要及时沟通有

---

[1] 神秘客户检测。
[2] 硬件标准检查。

关的要求和信息，使4S店内部各部门、人员的步调一致，互相配合，以发挥团队的整体效应。在有些4S店，由于没有内部的协调机制，不同的服务人员向相同的客户传达了不同的服务标准，甚至有不同的收费标准；有些服务顾问对客户的特殊需求没有及时传递，导致对客户的承诺不能得到其他相关人员的支持和兑现。

由于新车销售和售后服务是两种完全不同的业态，内部协调问题在没有设置客户关爱部门的4S店显得尤为突出。例如有些销售顾问为达成销售在签约时未与售后部门沟通擅自扩大质量担保范围和保养承诺，导致售后部门因没有或无法履行销售顾问的承诺而受到客户投诉。有些销售顾问以为其对客户的义务随着新车交车就结束了，在客户还不熟悉售后运作的情况下对客户在用车过程中出现的问题不提供帮助，导致客户不满。有一位车主从100多公里外把车辆开回4S店做免费首保，但由于没有携带"首保卡"被服务顾问拒绝。客户不得已向厂家投诉。在AUDIT Ⅱ❶检查中笔者发现这项投诉迟迟得不到解决，服务总监解释说该项客户投诉是由于销售顾问没有吩咐客户首保应携带什么文件，随后还拒听客户的询问电话引起的，根本原因在于销售部门，售后部门无权向销售部门提出整改要求。可见4S店加强内部协调的重要性。通过内部协调，使相关部门得以沟通信息，并对外采取一致的措施。这种协调包括销售部门与售后部门间的信息沟通、业务交接和客户信息交接。客户关爱总监务必使客户感到4S店是一个服务的整体，无论是销售部门还是售后部门都能快速有效地解决他的问题。

客户关爱总监的外部关系协调主要是协调4S店与客户的关系，有时也包括4S店与消费者权益组织的关系。客户关爱总监处理的客户关系往往是已经激化了的客户关系，处理这种关系充满挑战，如果处理不当，可能给4S店带来经济损失，甚至产生不好的社会影响。

客户关爱总监对客户关系协调的原则是及时、平等、利益均沾、考虑全局、广交人缘，为4S店的发展创造和谐的外部环境。

考虑内、外部协调的特殊性，4S店应该赋予客户关爱总监以协调销售总监和售后总监的权力，以及在客户满意度、组织形象维护方面对销售顾

---

❶ 经销商售后服务流程和标准检查，全书同。

问和服务顾问有考核的权力。

（4）有关客户关系决策的咨询

客户关爱总监在4S店内部不是决策者，但在4S店的经营管理决策中发挥着咨询、建议和参谋的作用，协助总经理、销售总监和售后总监在决策时考虑复杂的社会因素，从客户角度和整体的经营环境角度评价决策可能带来的对客户关系的影响，并由此可能带来的对销售和售后业务的影响。从这个角度上讲，客户关爱总监应该成为总经理的重要助手和参谋。

（5）服务理念和意识的培训

对服务人员的服务理念和意识提供培训和指导，是客户关爱总监的另一项重要职责。服务人员只有付出真诚、恰到好处的服务，客户才会满意。而服务意识和服务技巧的获得，必须通过有效的培训来完成。客户关爱总监必须反复地向一线服务人员灌输4S店的服务理念和服务要求，使所有人员牢固树立尽自己所能去了解客户的需求并尽力予以满足的服务意识。只有这样，才能让客户感受到4S店服务人员的真诚，才能让客户感动并满意。

12.2.2　客户关爱总监的素质

客户关爱总监的职责决定了对胜任该职位的素质的特殊要求，这些素质包括以下几项。

（1）强烈的服务意识

① 品牌形象的意识　某4S店的客户关爱总监把客户关爱的工作归结为一点，那就是推动所有服务人员真诚地对待客户和准确充分地执行标准服务流程，以求塑造良好的4S店品牌形象，提升4S店的美誉度，从而建立客户的信任感。可以说，良好的4S店品牌形象是客户信任4S店的起点，建立和维护优秀的4S店品牌形象是客户关爱工作的灵魂。塑造优秀的4S店品牌形象就是客户关爱总监工作的核心。因而客户关爱总监必须具备良好的品牌形象意识，时刻将4S店的品牌形象装在自己的心里并坚持和呵护。只有这样，客户关爱总监才能具有品牌感染力，从而顺利推动和协调客户关爱及其改进活动。

② 服务公众的意识　4S店品牌形象是为广大客户所塑造的，客户关爱总监的工作必须面对广大客户。销售顾问面对的客户主要是有购车需求的客户，服务顾问面对的客户是有修车需求的客户，而客户关爱总监要面对的经常是对销售顾问或服务顾问提供的服务不满的客户，客户关爱总监要解决的多是客户的心理需求。此外，客户关爱总监还要持续关注客户的需求变化，策划出迎合客户期望的服务和关爱活动，以吸引和留住客户。可见，服务公众的意识对客户关爱总监至关重要。

③ 真诚互惠的意识　客户保持对4S店的长久忠诚，是建立在双方互利互惠的基础上的。无数的案例告诉我们，4S店在处理客户抱怨甚至过激行为时如能秉承"真诚相待、互利互惠"的原则，往往能平息客户的抱怨。所以，客户关爱总监在处理客户关系时，如能以"真诚互惠"对待客户，不偏不倚地处理4S店与客户之间的利益关系，必能广交朋友，为4S店维持稳定、可靠的客户群体。

④ 沟通交流的意识　客户关爱的实质是及时识别客户的需求，并及时提供相关的服务以满足和超越客户的需求。要有效和及时地识别客户真实的需求，就需要建立及时获取客户需求信息的渠道，以及与客户沟通交流的机制。有些4S店通过定期展开车主座谈会，或建立车主俱乐部、车主QQ群，及时了解客户需求动态和舆论动向，通过主动沟通与交流，引导和调整客户的期望。

客户关爱的实现，需要通过服务人员来实施。客户关爱总监必须及时将客户的要求传递给相关的部门和人员，并让这些部门的人员接受。

可见，沟通交流意识是对客户关爱总监的一项最基本的素质要求。

⑤ 立足长远的意识　客户关爱并不能给4S店带来立竿见影的经济效益，忠诚客户群体的建立是一个漫长的、逐步积累的过程。因此，客户关爱总监必须要有立足长远和持之以恒的意识，任何急功近利都不能得到好的效果。

⑥ 创新审美的意识　客户关爱的策划和品牌形象的维护是一个不断创新和超越的过程。在完全竞争的环境下，4S店的客户策略只有不断突破，超越自己和超越竞争对手，4S店的客户才能真正稳定。而这恰恰给客户关爱总监提出了较高的创新和审美素质的要求。

（2）合理的知识结构

客户关爱工作是一项集知识性、实践性和创造性于一体的工作，要求客户关爱总监必须经过良好的教育，具备扎实的理论知识和丰富的社会实践经验。如果没有扎实的理论知识，客户关爱总监难以从纷繁的现象和信息中分析、识别客户的服务问题及其轻重缓急，难以对客户关爱活动和业务流程进行有效策划和实施管理。如果没有丰富的社会实践经验，客户关爱总监就难以在面对各种类型客户和各种突发事件时保持自信、冷静和沉着，恰如其分地处理各种关系。

客户关爱总监理想的知识结构包括市场学、营销学、行为科学、社会心理学、管理学、法学、逻辑学等基础理论知识；沟通技巧、社交技巧、商务礼仪、服务规范等专业知识和社会实践经验。当然，有关汽车结构及修理、汽车销售流程、售后服务流程等行业知识也必须有所了解。

（3）良好的心理素质

除合理的知识结构外，良好的心理素质是客户关爱总监能否开展工作的决定性因素。心理不健康或者性格不健全的人在与其他人交往的过程中障碍重重，不能与各式各样的人进行有效沟通和交流。客户关爱总监的良好心理素质包括以下两个方面。

① 良好的个性

a. 性格健全　性格是一个人对现实稳定的态度和与之相适应的习惯化了的行为方式的总和。性格表现一个人对现实与周围世界的态度，对自己、对别人、对事物的态度。

从不同的角度和侧面可以对性格类型进行不同的划分，如按照知、情、意在性格中的表现程度，可分为理智型、情绪型和意志型三种。理智型的人以理智支配自己的行动；情绪型的人，情绪体验深刻，举止容易受情绪左右；意志型的人具有较明确的目标，行为主动。按照个体的心理倾向，可分为外倾型和内倾型。外倾型的人心理活动倾向于外部，活泼开朗，善于交际，感情易于外露，处事不拘小节，独立性较强，但有时粗心、轻率；内倾型的人心理活动倾向于内部，一般表现为感情含蓄，处事谨慎，自制力强，交往面窄，适应环境比较困难。按照个体独立性程度，可分为独立型和顺从型。独立型的人不易受外来事物的干扰，他们具有坚定的信念，能独立地判断事物，发现问题、解决问题，在紧急和困难的情况下不慌张，易于发挥自己的力量，但有时会把自己的意志强加于人，固执己见，不易合群；顺从型的人，随和、谦虚，易与人合作，但独立性较差，易受暗示，在紧急情况下易惊慌失措。

任何性格类型都有它的优缺点。根据客户关系总监的工作特点，一般应选择具有理智、外倾、独立性格特点的人员担任。当然，一个优秀的客户关爱总监应从自己的性格特点出发，发挥自己的性格优点，同时认识性格的弱点并努力加以克服。

b. 自信豁达　自信是对客户关爱总监的基本心理素质要求。"自知者明，自信者强"，客户关爱总监只有充满自信，才能接受各种挑战、锲而不舍、追求成功。在日常工作中，面对各式各样的人，自信可以帮助客户关爱总监摆脱拘谨和胆怯，落落大方地处理各种人和事。此外，客户关爱总监要具有宽宏大度的气量，要宽容别人，要着眼大事，不计较小是小非，不斤斤计较个人得失，豁达、乐观、冷静地对待工作中的困难与挫折。自信的心理和个人气质产生的气场经常会使受接待者肃然起敬，此时客户再大的抱怨也会在一刹那消弭三分，如果再表现出大度和包容，客户所有不满可能很快就会消失于无形之中。

c. 广泛的兴趣　与人沟通的基础是寻找到共同的话题，但一般情况下不能预知对方感兴趣和熟悉的话题是什么。因而，作为一个合格的客户关爱总监，要拥有广泛的兴趣，关注社会的热点话题，只有这样才有可能迅速与工作对象熟悉和沟通。

d. 良好的亲和力　这是对服务人员气质的一项最基本的要求，它可以迅速拉近与工作对象的距离。

② 健全和稳定的心理素质

a. 热情、开放的心态　客户关爱工作是一项开放的工作。由于不能预知什么时候会有什么突发事件，不能预测什么时候要接待什么人和处理什么事，因而客户关爱总监的工作几乎没有上下班的时间概念，哪里有一线解决不掉的客户抱怨，他就要出现在哪里。日复一日与客户的抱怨为伍，日复一日处于紧张的情绪之中，如果没有热情和开放的心态，是干不好客户关爱工作的。

b. 快乐和稳定的情绪　情绪是指因某种需要是否得到满足而产生的情

感，一般区分为积极的情绪和消极的情绪。在与客户的交往过程中，情绪变化会影响你对客户的判断，同时也会影响客户对你的判断。客户关爱总监保持快乐和稳定的情绪，容易给客户带来愉悦和稳重、可信赖的感觉，并借此产生较好的人际吸引力和感染力，让客户乐于与你接触，乐于与你建立和发展关系，乐于接受你的观点。

c. 良好的心理健康水平　心理健康是指一个人正确的处世态度。"不以物喜，不以己悲"，当事业成功时不要喜形于色，当事业受挫时不要灰心丧气，不骄不躁，始终保持乐观的人生态度，泰然对待面临的喜乐境遇，保持良好的心理健康水平，不能因为客户的喜怒哀乐影响自己，只有如此，客户关爱总监才能在长期的工作中保持良好的工作心境。

（4）全面综合的专业技能

① 组织管理和协调能力

a. 组织能力　具备组织各种关爱活动的具体实务能力。客户关爱总监负责客户关爱活动的方案策划和预算、活动的组织和准备以及活动过程的监视和调整等，必须对各种客户关爱活动做出周密的安排并督导执行。

b. 监督执行能力　客户关爱总监必须审查例如 SQS/CSS/MS 的纠正措施是否有效针对问题的原因，并督导措施的执行和验证措施的执行是否能够杜绝同样的问题再度发生；客户关爱总监还必须质询客户满意计划和有关举措是否有效落实和达到预定的目标要求，必要时还要对措施和计划做出临时调整。

c. 协调能力

i. 协调内部部门和员工的能力。如果客户关爱总监不具备协调内部部门和员工的能力与威望，客户关爱工作将举步维艰，难以被各部门和员工所执行。有些4S店的客户关爱总监不停地抱怨客户关爱工作不能得到各部门和人员的配合，甚至自己在办公室里埋头分析客户抱怨的原因和制定改善措施，除了可能没有得到总经理应有的授权外，也与客户关爱总监本身的工作方法以及内部协调的方法不当有关。

ii. 协调4S店与客户关系的能力。在处理与客户的关系时，客户关爱总监必须清楚可以动用4S店的哪些资源，以及正确判断客户的要求是否合理，要善于公平、合理地处理4S店和客户之间的利益冲突。

ⅲ. 处理各种纠纷和突发事件的能力。在纠纷和突发事件面前，客户关爱总监应保持沉着、冷静和理智，始终保持头脑清晰，灵活善变，临机不惧，处变不惊，控制局面，能够迅速稳定人心，制止事态的不断扩大。必要时，还要估计事态的影响程度，采取必要的公关措施，防止负面影响的产生。

② 收集和处理信息的能力　客户关爱总监每天都要面对大量而又纷繁的客户信息、调查信息、检查报告以及竞争对手的信息。客户关爱总监必须通过信息收集、筛选、分析和使用等工作程序，及时、准确、适当地获取信息，为4S店的决策提供依据。

③ 表达能力　客户关爱总监应具备的表达能力包括文字表达能力、口头表达能力、形体表达能力、随机应变能力和论辩与谈判的能力。通过综合的准确表达，客户关爱总监将4S店的观点充分和准确无误地传递给客户，避免客户误解。

④ 创新能力　客户关爱是4S店一项新的工作，如何让4S店的客户关爱工作更加有特点，使4S店在激烈的竞争中争取更多的忠诚客户和立于不败之地，需要客户关爱总监不断探索和创新。因而创新能力是客户关爱总监迈向优秀和成功的关键能力。客户关爱总监的工作是一项艺术性很强的工作，其工作性质与销售总监和服务总监的工作性质有明显的不同，需要很强的综合素质支撑。有些4S店把客户关爱部门视为只会花钱的部门，看不到客户关爱工作的作用；有些4S店虽然建立客户关爱部门，也设立了客户关爱总监的职位，但仅仅是为了迎合厂家的结构设置要求，甚至招聘刚从学校毕业的学生和没有相关工作经验的人员来担任客户关爱总监。显然，这样设置的客户关爱部门和客户关爱总监只能是4S店的一个摆设，客户关爱总监除了成为"受气包"之外，形同虚设，不能履行作为客户关爱总监的任何职能。

12.3　让管理人员聆听客户的声音

4S店直接与客户接触的岗位包括销售顾问、服务顾问、大客户主管、前台接待等。这些岗位可以直接听到客户在接受服务前有什么需求的声音,例如客户需要什么车型、有什么用途、能够支付的价格是多少,或者他的车发生了什么问题、需要进行什么处理等。同时,对客户接受服务后的感受和需求,需要这些与客户直接接触的人员在与客户的接触和交谈中去感知与判断。但是,他们的任务是完成流程规定的服务活动,对客户满意度的调查并不是他们的工作内容。于是,对客户接受服务后的感受以及进一步的心理需求的感知变成了他们的额外工作,可以做也可以不做,尽管他们会不自觉地接受相关的信息。可以想象,此时客户进一步的需求能否充分和准确地识别与传递也不得而知。然而,通过对大量客户投诉的分析发现,客户的投诉经常是由于服务人员对客户需求,特别是非明示的需求的识别出现偏差或者对客户需求信息的传递出现偏差所引起的。不少服务顾问抱怨他们在接待现场没有足够的时间来了解和收集客户的需求,也没有足够的时间把客户的需求完整准确地记录下来以便传递给所有相关人员,4S店更没有要将客户的需求信息向上汇报的要求。

很多4S店在建立CRM系统以前,要求每个销售顾问必须将每次跟踪有望客户的信息记录到为每个有望客户所建立的《客户洽谈卡》里,展厅经理不定期检查填写的情况,以确认销售顾问是否有按要求的时间间隔对客户进行跟踪。在建立CRM系统以后,销售顾问必须将客户的信息和跟踪情况记录到CRM系统里。有趣的是,在很多4S店,被销售顾问认为真正有可能在短时间内成交的客户信息并不被记录在"客户洽谈卡"和CRM系统里,而是记录在销售顾问自己的"小本子"上。"客户洽谈卡"和CRM系统的填写只是销售顾问为应付检查的"额外工作",在这种情况下它们能够提供的信息可想而知。销售顾问只是在签约后才直接将客户信息和成交信息记录进CRM系统。

几乎没有4S店对收集的客户的售前及售后服务需求信息进行分析,而经常是等到客户的抱怨产生之后才会去检讨什么地方出现了问题。对客户抱怨的处理不是采用预防的措施,而是任其发生,然后事后处理。事实上,销售顾问和服务顾问在之前就能预知客户是否会抱怨和投诉,只是他们由于"太忙"或者其他原因,例如4S店没有相关的制度安排,而把相关的信息滞留在自己的脑子里而没有汇报。

电话回访员按照4S店的规定在客户购买车辆后的3个月内和在客户每

次车辆维修后的3天内对客户进行回访。如果电话回访员已经熟练掌握电话回访技巧和客户信息处理技术并能认真履行职责，电话回访员无疑能成为4S店聆听客户声音的重要渠道。电话回访员需要每周或者每月对回访的情况和客户反映的问题进行总结与分析，然后报告给客户关爱总监和4S店的总经理，使他们能够及时掌握客户的需求变化。

但是由于电话回访员的原因，例如由于电话回访员的经验不足，客户对电话回访员提问的回答经常是口是心非，使4S店没有得到真实的信息，这一点从厂家的CSS和SQS调查结果和4S店的电话回访员对同一客户的调查结果经常是大相径庭的情况可以得到证实；又如，由于电话回访员的统计分析能力原因，客户关爱总监和总经理得到的"二手信息"并不能反映客户需求的真实情况。此外，电话回访员无法将客户的语气和情绪记录下来，记录的经常是客户对各项服务的评价或者是客户的某些意见，管理层如果没有特殊的渠道或安排，很难感知客户的真实想法。除非是客户强烈投诉，否则意见能否被管理层获知只能看是否能被电话回访员"侥幸"写进每月的"电话回访总结报告"里面并为管理者所重视。

聆听客户的另一个相关问题出现在4S店的高管身上。4S店为客户而生存，所以客户的需求信息应该是4S店决策的第一参考信息，为此4S店的高层管理者应该贴近客户，亲自聆听客户的声音。但是，随着职位的上升和关注点的变化，高层管理者们能够聆听客户的时间和机会越来越少。

例如，厦门盈海斯柯达4S店的售后服务总监高先生一直坚信高层管理者聆听客户声音的重要性。高先生曾参加由4S店组织的车主自驾游，但没有公开身份。一路上，车主们无拘束地谈论着4S店及其服务，以及他们的一些愿望。高先生听后受益匪浅。回店后，高先生提出了很多新的服务措施，改变了一些服务流程，例如，他要求服务顾问在半分钟内必须答复客户的要求等。受益于客户的启发，他经常在工作中的空闲时间，静悄悄地坐到客户休息室的一个角落，静静地听客户的议论。几乎每次他都会有一些新的想法，有了一些改进工作的思路。例如，有一次客户在休息室里抱怨汽车修理是"暗箱操作"，使他萌发了让主修师傅与客户见面交流车辆的维修情况和使用中注意事项的想法，因为这样做既能增加客户对维修项目的了解，减少对4S店的误解和对维修价格的抱怨，又能增强维修师傅的责任心和成就感。

不能要求高层管理者们每天都接触客户，但让他们每个月花4小时到客服中心接听客户的电话或亲自回访一些客户是有益的。这种做法能让高层管理人员更加真实地了解4S店的客户状态和客户的需求变化，使他们做出的决策能够更加贴近客户的想法和需求。

13

客户满意度提升

13 客户满意度提升

顾客满意度是指顾客通过对产品或服务的可感知的效果与顾客的期望值相比较后所形成的愉悦或失望的感觉状态。如果感知到的效果低于期望，顾客就会不满意；如果感知到的效果与期望匹配，顾客就满意；如果感知到的效果超过期望，顾客就会高度满意或欣喜。这一概念及其对4S店经营的重要性已经被绝大多数4S店及其工作人员所认识、接受和重视。这一点从各个品牌的厂商纷纷把客户满意度作为与销量同等重要的指标对经销商进行考核，以及大多数4S店把客户满意度指标作为自身的运营指标和对其员工特别是销售顾问和服务顾问等与客户接触人员的绩效考核指标进行考核就可以窥见。对于那些以客户为导向的4S店，客户满意度同时也成为营销和竞争的有效工具。

然而，如何有效提升客户满意度呢？

13.1 客户满意度的测算方法

客户满意度是客户的一种感觉的状态，对这种状态的测算必须通过收集客户对这种状态的表达，再以某一设定的统计方法统计和量化表达来完成。目前，4S店使用的客户满意度测算方法有以下四种。

（1）客户投诉和意见反馈

大多数4S店采用400热线、电子邮箱、开设网站、销售和售后电话回访、现场收集客户意见等形式，在4S店和客户间架设畅通的沟通渠道，收集客户的投诉和反馈意见。这种方法的优点是客户可以随时将自己的感受告知4S店，使4S店能够及时了解客户的满意状态和需求变化的动向。但这种方法的缺点也十分明显。一是这种方法依赖于客户反映问题的主动性。以往的很多研究都发现，只有少数的客户会进行投诉，客户的投诉率不能真实反映客户的满意状态。厦门盈海斯柯达4S店等采用开发和挖掘客户投诉的实践，在一定程度上能够克服这种缺点。二是通过这种方法收集的客户不满信息和意见具有分散性，需要具备一定专业技能的客户服务人员进行专业的分解和统计，才能从中找到问题的实质类型。

(2)顾客满意度调查

顾客满意度调查分为内部调查和外部调查。

① 内部客户满意度调查是4S店自己执行的客户调查,一般在新车交车后的3天内和客户车辆保养维修结算后的3天内进行。内部客户满意度调查的项目由4S店根据自己的需要确定。内部客户满意度调查的项目不宜太多,一般不超过10个。调查项目太多容易造成客户的烦躁和不配合。正因为调查项目有限,4S店对调查项目的设计和选择必须十分慎重。调查项目选择得当,4S店能够最大限度地获得对客户满意度改进的有用信息;调查项目选择不当,将影响调查的效果,甚至无效。对于大多数4S店,可以考虑每个季度根据当季度内部和外部客户满意度调查及神秘顾客调查集中发现的弱项、客户投诉所反映的集中问题和客户流失原因分析的结果设计针对性的调查项目,以测试客户对4S店就相关问题采取措施的反映,在测量客户满意度的同时,验证改善措施的有效性。内部调查一般覆盖所有相关客户。

② 外部客户满意度调查是指厂家及其委托的第三方对经销商进行的客户调查。大多数4S店所接触的J.D.Power的SSI、CSI调查以及厂家的SSI、CSI和QSSS❶、MOT❷快访等就属于这一类型的调查。其中J.D.Power的调查是第三方调查。除J.D.Power以外,开展汽车行业客户满意度调查的第三方机构还有新华信、盖洛普、AC尼尔森、TNS、IDC、益普索等。其中,J.D.Power自从1981年公布第一份车主满意度调查研究报告起,已逐渐以其公允和精确的调查分析闻名于汽车界,成为全球汽车产业权威的调查机构。J.D.Power通过研究发现,在汽车销售和服务行业,顾客的整体满意度由产品质量(IQS)、销售满意度(SSI)、服务满意度(CSI)和新车产品魅力度(APEAL)四个因素组成,每个因素由不同的评价项目所组成。由于客户的需求是不断变化的,评价的项目也应随着客户需求的变化不断地做出调整。这些外部调查对客户的抽样调查给出的报告,不仅提供了经销商每一个销售顾问执行销售流程和每一个服务顾问执行售后服务流程的每一个细节的表现和评价评分,还提供了4S店的整体成绩及在

---

❶ 销售过程客户满意度快速调查。
❷ 服务过程关键时刻客户体验或服务关键点调查。

所在区域的成绩排名、在全国的排名、各个成绩调查项目的成绩差异比较以及4S店的优势项目和急需改进的劣势项目。可以说，这些外部调查报告已成为汽车制造商和经销商日常运营必不可少的依据。

（3）神秘顾客调查

神秘顾客调查是汽车制造厂家雇用一些外部人员假扮成购车顾客或保养维修客户，在经销商不知情的情况下到4S店体验购买和接受服务的过程，以发现经销商销售流程、服务流程和服务规范的优缺点与有效性。这些神秘顾客甚至可以故意提出问题或人为制造麻烦，以试探公司的服务人员是否能够妥善处理。有的4S店为了对销售顾问和服务顾问进行监督也会自己雇用神秘顾客开展神秘客户调查。与SSI、CSI调查类似，神秘顾客调查也会向4S店提供相应的MS报告。

（4）流失客户和战败客户原因分析

对流失客户和战败客户进行原因分析，是测量客户满意度的另一种有效方法。客户的流失和战败，可以更加明显地反映4S店的竞争劣势，这些劣势可能是车辆本身的、品牌方面的、销售流程和服务流程方面的、价格方面的，也可能是对销售流程和服务流程的执行出现了偏差，或者与竞争对手存在差距。所以，有些4S店建立了与那些已经停止消费或转向另一个经销商的客户接触的机制，倾听流失客户的声音以了解和分析发生这种情况的原因。

13.2 基于调查报告的客户满意度提升

13.2.1 客户满意度的分析和改进

4S店每月或者每季度都会收到来自厂家发送过来的SSI、CSI、MS等客户满意度调查报告。如前所述，这些报告向经销商提供了每一个销售顾问执行销售流程和每一个服务顾问执行售后服务流程的每一个细节的表现和评价评分，以及优先改进的劣势项目和待改进的项目。改进这些项目，能够帮助4S店有效地提高外部客户满意度调查的成绩。然而，只有对这些急需改进的问题进行准确的原因分析，才有可能在解决问题时对症下药，提出准确的改善措施。

对劣势项目的原因分析与处理客户投诉的原因分析可以采用同样的方法，即"五缺口"分析法。"五缺口"分析法的流程及其使用说明见图11-1和表11-1。有的4S店采用因果图进行弱项原因分析，也是一种可行的方法。

通过分析确定的缺口就是要寻找的问题的根本原因。分析问题的过程既是获取原因的过程，也是解决问题的过程，因为当获得问题的症结时，几乎能够同时获得去除症结的措施，或者至少能够知道应该怎么做。必须说明的是，问题的根本原因必须通过客观的分析得到，任何主观的推断和臆测都会给SSI、CSI和MS管理带来危害。很多4S店在缺乏原因分析的情况下就提出了改进措施，结果是既浪费了时间和资源，又不能解决问题。

然而，选择了有效的改进措施只是解决问题的开始。对问题的解决效果如何还必须经过验证的活动来证实。有些4S店以为验证是派人去检查确定的措施有没有实施，其实这是误解。验证活动的目的是要确定通过实施确定的改善措施之后，同样的问题还会不会再次出现。只有确认问题的根源已经消除，同样的问题已经不可能再次发生，才可确认改善活动结束。有的4S店采用的验证方式是等待改善措施采取后厂家所进行的调查所提供报告的结果，认为该问题没有出现在劣势项目中即可说明改善措施有效，这种做法是有风险的。一是因为厂家的调查是一种抽样的结果，抽样本身就有偶然性，也就是说，该问题有可能仍然存在，但厂家在抽样时没有抽到。当然，如果该问题被继续报告，足以说明改善措施及实施无效。二是因为厂家报告存在滞后性，厂家的报告一般在其调查后1~2个月才能到达4S店，如果问题继续存在，那么4S店要在2个月后才会认识到。

13.2.2 MOT与客户满意度

MOT（关键时刻）的概念是北欧航空公司总裁詹·卡尔森首创的。

20世纪80年代,欧洲航空市场竞争异常激烈,卡尔森没有采用价格竞争和削减成本,他认为问题的实质其实很简单,因为服务行业的竞争就是服务,顾客满意才是核心。当时,拥有数万员工的北欧航空公司常见的现象是,所有的人都显得忙乱异常,管理人员有抓不完的检查、监督和控制,忙于各种会议、报表和报告。"正是这样,我们忽略了顾客的感受",卡尔森问道,"谁留意了顾客的真正需求?"例如有时客户匆忙赶到机场却发现没有带机票,但回酒店取机票就一定会错过航班,北欧航空公司将这个困境解释给更换登机牌的服务人员,让服务人员进行有效处理。卡尔森总裁为自己的一线员工可以完美地处理这样的小事而自豪,这样的小事被卡尔森归类为MOT。也正因为此,在仅仅1年的时间,北欧航空公司就扭亏为盈,从亏损800万美元到获得毛利7100万美元。在包括美国、英国、法国等在内的许多国家的航空公司集体亏损、业绩一致下滑的同期内,北欧航空公司取得的这个业绩是具备强烈的反差的。1986年,卡尔森写了 *Moments of Truth*,阐述到:平均一年,北欧航空公司总共运载1000万名乘客,平均每人接触5名员工,每次15秒。也就是说,这1000万名乘客每人每年都对北欧航空公司产生5次印象,每次15秒,全年总计5000万次。这5000万次"关键时刻"便决定了公司的成败。

同样,在汽车4S店的服务中,也存在影响顾客满意度的MOT。J.D.Power经过大量的调查和统计,确定了4S店服务的10个服务关键点MOT及其影响客户满意度CSS的权重,见表13-1。

表13-1 服务关键点MOT及其影响客户满意度CSS的权重

项目	服务关键点MOT	权重
1	正确完成维修保养工作	17.5%
2	无重复维修	17.5%
3	提供替代交通工具	7.5%
4	服务人员的友好程度	7.5%
5	对顾客所关心与期望内容的响应	7.5%
6	维修后联系	5%

续表

项目	服务关键点MOT	权重
7	对即将开始的工作的解释	10%
8	维修保养项目或结算清单的解释	10%
9	维修保养工作物有所值	7.5%
10	送车时的等待时间和取车时的等待时间	10%

$$CSS总评分 = \sum (MOT评分 \times 权重) \times 10$$

各个MOT项目的不同，CSS权重实际上为4S店提供了提高CSS成绩的工作思路。也就是说，4S店把更多的精力和资源使用在高权重的项目上，那么在花费同样的精力和使用同样资源的情况下，4S店将获得更高的客户满意度及调查成绩。

这种思路在4S店提高SSI、CSI、MS成绩时也有借鉴作用。

13.2.3 基于调查报告的客户满意度提升计划

一个公司在产品或服务上有某种细节上的改进，也许只给顾客增加了1%的方便，然而在市场占有的比例上，这1%的细节可能会引出明显的差别。原因很简单，当顾客对两家汽车4S店进行比较时，同一汽车品牌所有4S店都具有完全相同的流程，互相之间没有服务系统和服务流程的差距，因此对客户购买决策起作用的就是那1%的服务细节。对于顾客的选择来讲，是1%的细节优势决定那100%的消费行为。日本SONY与JVC在进行录像带标准大战时，双方技术不相上下，SONY推出录像机的时间还要早些，两者的差别仅仅是JVC一盘录像带是2小时，SONY的是1小时，其影响是看一部电影经常需要换一次录像带。仅此小小的不便就导致SONY的录像带全部淘汰。如果汽车4S店服务人员对顾客的服务细节至今还不能满足或超越客户期望，那么服务流程便会失去存在的价值。幸运的是，厂家持续提供的SSI、CSI、MS报告为4S店改进服务细节提供了依据和改善基础。

SSI、CSI、MS报告不仅提供了4S店服务细节状况的信息，还提供了与区域平均水平、全国平均水平和全国最高水平4S店在各个项目上的差距信息。如果说，每期的SSI、CSI、MS是调查机构对客户随机抽样调查的结果，这样的结果具有偶然性，那么，对全年调查结果进行统计，就能准确反映出4S店在每个服务细节的真实情况。通过统计分析，能够轻易地找出4S店客户满意度调查的弱项，包括那些低得分项目和与区域及全国平均水平有明显差距的项目。这些项目以及那些大权重项目无疑将是4S店制定年度客户满意度提升计划时要考虑的重点改善项目。

制定年度客户满意度提升计划的具体步骤如下。

① 制定客户满意度的提升目标，可以定义为要达到的SSI、CSI和MS调查成绩。

② 从经过统计分析获得的SSI、CSI、MS弱项和大权重项目中初步选择整改项目。

③ 初步确定各个改善项目的改善行动计划，以及该计划能够改善该项目的得分幅度和需要投入的费用和资源。

④ 统计客户满意度整体提升的幅度和需要投入的费用、资源。

⑤ 检查客户满意度提升幅度是否满足制定的客户满意度目标的要求，所需资源和费用是否超出预算。如不能满足，需要调整改善项目和行动计划，直至满足为止。

⑥ 编制年度客户满意度提升计划，内容包括客户满意度的历史数据分析、提升目标、改善项目以及各个项目的改善目标、行动计划、费用预算、责任部门或人员、行动计划的时间安排等。

13.2.4　示例：某4S店年度SSI提升计划

×××4S店年度SSI提升计划

1. 2013年度历史数据分析

1.1　2013年度SSI成绩（表1）

表1 2013年度SSI成绩

项目	时间	成绩	区域平均成绩	全国平均成绩	区域差异值
SSI和MOT总成绩表	1月	92.3	96.1	96.5	−3.8
	2月	98.4	96.7	96.8	1.7
	3月	97.9	97.4	97.8	0.5
	4月	91.8	97.7	97.9	−5.9
	5月	92.6	97.7	97.9	−5.1
	6月	94.9	97.9	97.9	−3
	7月	91.9	97.8	98	−5.9
	8月	97.7	97.8	97.9	−0.1
	9月	95.8	97.8	97.5	−2
	10月	99.2	97.9	99.7	1.3
	11月	97.1	97.6	97.8	−0.5
	12月				0
	平均值	95.42	97.49	97.79	

1.2 2013年度SSI子项平均成绩（表2）

表2 2013年度SSI子项平均成绩

序号	子项	权重	经销商得分	区域得分
1	经销商店外观及店面设施整洁	1.80%	98.7	97.5
2	展车停放有序，看车过程方便	2.07%	98.2	97.6
3	车辆款式和颜色选择多	2.15%	89.0	93.9
4	交易洽谈区域整洁舒适	2.15%	97.3	97.8
5	当您进入展厅后，销售顾问能及时接待您	1.47%	98.0	98.2
6	销售顾问仪表得体，态度礼貌热情	1.73%	99.0	98.7
7	您可以得到您所需要的产品信息资料	2.24%	96.7	97.2
8	销售顾问对车辆的性能、优点及其他品牌车型的了解程度	6.19%	96.7	97.1
9	销售顾问向您介绍了不同的车型	1.22%	95.8	96.7
10	销售顾问对您提出的问题能给出令人满意的回答	3.42%	95.0	96.8
11	销售顾问能理解您的需求，并提供合理的建议	2.35%	94.5	97.1
12	销售顾问主动邀请试乘试驾	3.66%	86.6	93.4
13	参加试乘试驾的比例	0	88.4	83.4

续表

序号	子项	权重	经销商得分	区域得分
14	试乘试驾车辆整洁、温度适宜	2.15%	96.5	98.6
15	销售顾问为您提供至少两条试乘试驾线路选择，并进行适当的解释	2.35%	88.3	96.9
16	销售顾问先驾车让您试乘，先让您感受一下车辆，然后再由您试驾	2.35%	94.7	96.7
17	销售顾问向您指出动态车辆的主要特性、优点、好处（包含试乘试驾全过程）	4.48%	96.8	98.2
18	销售顾问给出报价明细清晰易懂	4.29%	96.3	96.5
19	洽谈过程中销售顾问给您充分的时间考虑，没有压力感	2.95%	98.2	97.7
20	达成最终成交协议的过程容易	3.07%	95.0	96.9
21	最终成交价格接近您的心理预期	3.07%	92.8	93.6
22	需要签署的书面文件清晰易懂	3.41%	96.5	97.4
23	完成书面文件签署的过程及时	2.77%	97.7	98.0
24	付款方式灵活（如信用卡付款、分期付款、租赁等）	2.34%	96.6	98.1
25	能在约定的时间内交车（签订购车合同时约定的交车时间）	6.24%	91.1	97.5
26	您新车的状况（例如干净、无凹陷、无划痕，工具齐全等）	4%	95.2	97.6
27	销售顾问向您解释新车配置信息、维护要求及驾驶时需要注意的问题	4.48%	93.4	97.3
28	经销商如实履行购车合同中对您的承诺	2.62%	95.5	97.0
29	销售顾问、关爱顾问、售后顾问均参与了交车过程	1.29%	95.5	97.5
30	举行交车仪式的比例	0	91.2	96.1
31	您对交车仪式的满意度	3.66%	97.7	98.2
32	您对交车区域的满意度	2.15%	96.5	96.7
33	您对交车时间长短的满意度	5.49%	92.2	96.9
34	经销商在交车后与您联系，表示感谢并询问您车辆的使用情况	3.94%	85.4	93.7
35	买车后经销商对您提出的问题仍然能够积极回应	2.45%	93.1	96.7

1.3 2013年度SSI弱项分析及提升目标设定（表3）

表3　2013年度SSI弱项分析及提升目标设定

模块	序号	弱项	得分	权重	改进措施	预期目标	提升值	提升值影响分值
购车环境	1	交易洽谈区域整洁舒适	97.27	2.15%	每天安排值班人员，检查5S	99.00	1.73	0.04
接待咨询	2	当您进入展厅后，销售顾问能及时接待您	98.00	1.47%	对销售顾问实行排班制站岗	100.00	2.00	0.03
接待咨询	3	销售顾问对斯柯达轿车的性能、品牌车型的了解程度	96.73	6.19%	培训	99.00	2.27	0.14
接待咨询	4	销售顾问向您介绍了不同的车型	95.82	1.22%	培训	99.00	3.18	0.04
试乘试驾	5	销售顾问主动邀请试乘试驾	86.64	3.66%	单项考核	99.00	12.36	0.45
试乘试驾	6	销售顾问为您提供至少两条试乘试驾路线选择，并进行适当的解释	88.27	2.35%	培训	99.00	10.73	0.25
试乘试驾	7	销售顾问先驾车让您试乘，先让您感受一下车辆，然后再由您试驾	94.73	2.35%	培训	98.00	3.27	0.08
试乘试驾	8	销售顾问向您指出乘试驾动态车辆的主要特性、优点、好处（包含试乘试驾安全过程）	96.82	4.48%	培训	99.00	2.18	0.10
协商议价	9	销售顾问给出报价明细清晰易懂	96.27	4.29%	培训	98.00	1.73	0.07
协商议价	10	需要签署的书面文件签署易懂	96.45	3.41%	培训	98.00	1.55	0.05
协商议价	11	完成书面文件签署的过程及时	97.73	2.77%	培训	98.00	0.27	0.01
协商议价	12	付款方式灵活（如信用卡付款、分期付款、租赁等）	96.64	2.34%	培训	98.00	1.36	0.03

续表

模块	序号	弱项	得分	权重	改进措施	预期目标	提升值	提升值影响分值
交车过程	13	能在约定的时间内交车（签订购车合同时约定的交车时间）	91.09	6.24%	规范合同签订	95.00	3.91	0.24
交车过程	14	销售顾问向您解释新车配置信息、维护要求及驾驶时需要注意的问题	93.36	4.48%	培训	98.00	4.64	0.21
交车过程	15	经销商如实履行购车合同中对您的承诺	95.45	2.62%	规范合同签订	98.00	2.55	0.07
交车过程	16	销售顾问、关爱顾问、售后顾问均参与了交车过程	95.55	1.29%	交车流程规定参加交车仪式的人员必须参加	100.00	4.45	0.06
交车过程	17	您对交车仪式的满意度	97.73	3.66%	重新规范交车流程	99.00	1.27	0.05
交车过程	18	您对交车区域的满意度	96.55	2.15%	重新布置交车区域	99.00	2.45	0.05
持续关爱	19	经销商在交车后与您联系，表示感谢并询问您车辆的使用情况	85.36	3.94%	规定销售顾问24小时内回访、关爱顾问三天内回访	99.00	13.64	0.54
持续关爱	20	买车后经销商对您提出的问题仍然能够积极回应	93.09	2.45%	引导客户联系售后服务热线	99.00	5.91	0.14
SSI			95.42					总提升2.65分

分析：从SSI子项分析中选取上述项目进行整改，预期提升分值为2.65分，因此设定2014年的SSI目标为98分。

2. 2014年度SSI提升计划（表4）

表4 2014年度SSI提升计划

模块	序号	整改弱项	目标	行动计划	责任人	时间节点	实际完成时间	检核 优	检核 良	检核 差	未达标原因说明	建议和后续措施
购车环境	1	交易洽谈区域整洁舒适	99.0	①每天销售顾问排班，设定值班经理对展厅5S进行监督检查 ②关爱部每周抽检1~2次，再次监督整改	林业	2014-2-28						
接待咨询	2	当您进入展厅后，销售顾问能及时接待您	100.0									
接待咨询	3	销售顾问对斯柯达轿车的性能、优点及其他品牌车型的了解程度	99.0	①前台站岗进行轮班制，前台接待员进行监督 ②对产品知识和竞品进行培训	黎明	2014-3-31						
接待咨询	4	销售顾问向您介绍了不同的车型	99.00									
试乘试驾	5	销售顾问主动邀请试乘试驾	99.00	①对主动邀约试乘试驾进行专项考核 ②对试乘试驾流程进行培训	林业	2014-3-31						
试乘试驾	6	销售顾问为您提供至少两条试乘试驾线路选择，并进行适当的解释	99.00									
试乘试驾	7	销售顾问先驾车让您乘，先让您感受一下车辆，然后再由您试驾	98.00									
试乘试驾	8	销售顾问向您指出动态车辆的主要特性、优点、好处（包含试乘试驾全过程）	99.00									

13 客户满意度提升

续表

模块	序号	整改弱项	目标	行动计划	责任人	时间节点	实际完成时间	检核 优	检核 良	检核 差	未达标原因说明	建议和后续措施
协商议价	9	销售顾问给出报价明细清晰易懂	98.00	①对协商议价模块进行培训,确保每个顾问清晰报价及签署的书面文件清晰易懂 ②向客户介绍多种付款方式,供客户选择	黎明	2014-3-31						
	10	需要签署的书面文件清晰易懂	98.00									
	11	完成书面文件签署的过程及时	98.00									
	12	付款方式灵活(如信用卡付款、分期付款、租赁等)	98.00									
	13	能在约定的时间内交车(签订购车合同时约定的交车时间)	95.00									
交车过程	14	销售顾问向您解释新车配置信息,维护要求及驾驶时需要注意的问题	98.00	①对合同的签订进行规范并培训,避免产生不必要的纠纷 ②制定新的交车流程,销售顾问、服务顾问、关爱顾问参加流程的培训和演练,确保每位客户享受同等的服务,提升客户对交车过程的满意度	林业	2014-3-31						
	15	经销商如实履行购车合同中对您的承诺	98.00									
	16	销售顾问、关爱顾问、售后顾问均参与了交车过程	98.00									
	17	您对交车仪式的满意度	99.00									
	18	您对交车区域的满意度	99.00									
持续关爱	19	经销商在交车后与您联系,表示感谢并询问您车辆的使用情况	99.00	①硬性要求销售顾问在行交车后24小时回访,关爱顾问在3天回访中进行监督 ②关爱顾问进行交车后3天回访	黎明	2014-2-20						
	20	买车后经销商对您提出的问题仍然能够积极回应	99.00									

151

13.3 客户满意度全面提升策略

依据客户满意度调查报告反映问题所进行的改善通常可以取得"头痛医头、脚痛医脚"的效果,它不能从系统性、预见性和领先角度解决问题以规避客户满意度调查成绩的风险,更谈不上促成4S店在客户满意度上的领先优势。这就好像是一个人着装,客户满意度调查能够发现这个人的衣服有多少个破洞、多少处污渍,对发现问题的改善就好像修补发现的破洞和去除发现的污渍一样,并不能从根本上改变这个人的着装形象。如果要塑造这个人的着装形象,就必须根据这个人的身材和气质特点对他进行全面的规划和设计,这样才能够根据这个人的特点把他塑造出时尚或者古典的美来。这是一个浅显的道理。同样,4S店要持续获得客户满意度调查的高分成绩,就必须不断识别客户新的需求,了解区域同行的客户服务发展、竞争对手的客户服务措施,并根据自身特点选择适合客户满意度提升的策略,通过系统分析和系统规划,改善服务系统,直至创新服务流程和服务项目,超越竞争对手,获得真正意义上的客户满意和良好的客户口碑。

一般情况下,系统的客户满意度提升策略可以有下面几种。

(1)基于提高客户满意度调查成绩的提升策略

首先是4S店对SSI、CSI、MS等调查的各项调查项目及历史数据进行全面梳理,对自身的优点和缺点进行分析与判断。通过分析将4S店的成功因素识别出来,并加以总结和文件化,将它们纳入4S店的服务体系。通过分析将对客户满意度调查成绩有负面影响的不利因素也找出来,并列出降低影响或解决问题的措施,根据4S店的实际情况排列出实施这些措施的先后顺序,制定出改善的时间计划,以促进弱项向强项转化。其次是对外部的情况和信息进行分析,识别出4S店可能的威胁和可能取得突破的机会。最大的威胁来自竞争对手的创新和突破,由于新的服务方式的出现和客户的攀比心理可能会促进客户调高自己的期望,使4S店原本可以满足客户需求的服务流程和服务项目不能继续满足客户的需求。面对威胁，4S店必须未雨绸缪，及时调整服务策略，要么采取措施影响和调整客户的期望，要么通过自主创新，进一步超越客户的期望。而机会的获得往往出现在市场环境出现剧烈变化的时候。4S店对机会的把握依靠灵敏的市场嗅觉和对情势的准确判断，而与客户的沟通和交流经常能够给4S店的管理人员带来灵感。

（2）基于客户期望的提升策略

客户的期望是不断变化的。这些期望包括在购车过程中期望得到热情的接待、期望有舒适的购车环境、期望销售顾问提供其感兴趣的车型尽量详尽的相关信息、期望得到优惠的价格、期望得到4S店对车辆质量和三包的承诺等；以及在售后服务中期望得到服务顾问的热情接待、期望服务顾问准确判断车辆的故障及维修保养项目和客户的需求、期望预先了解维修项目的等待时间和维修价格、期望有舒适的休息环境、期望车辆故障能够一次维修好、期望车辆在维修过程中没有新的损坏等。以上这些客户期望是理性的和合理的。对应这类客户期望，4S店要尽量全面、详细地识别，并将4S店能够满足的程度提早如实且坦诚地告知客户，与客户沟通。有的4S店将客户接待流程、服务流程、服务规范、维修时间和维修价格公布出来就是很好的做法。有的4S店在满足客户正常期望的基础上，又提供了例如安排个性化的交车仪式、车辆免费洗车后在车内喷洒客户喜欢的香味剂等额外服务，给客户带来意外惊喜。这些4S店深谙客户期望对客户满意度的影响。

对客户期望的预先识别和沟通可以降低客户的非理性期望，减少客户的不满。

（3）基于客户感知质量的提升策略

由于客户对车辆产品知识和销售、售后服务知识了解的局限性，客户对车辆产品质量和服务质量的感知会随着时间、地点、心情的不同产生不同的感受。也正是由于这种对产品和服务质量认知的局限性，使4S店有机会对客户感知的产品和服务质量加以引导。例如，4S店将自身产品的亮点、特色服务和服务标准定义为产品的标准，然后引导客户用这样的标准去衡量本店以及竞争对手的产品和服务，使客户自觉认为竞争对手的产品和服务存在瑕疵，从而增强客户对本店经营产品和提供的服务的认可度和满意度。

采用本策略的4S店，需要销售顾问和服务顾问对自己的产品和服务了如指掌、充满自信，并在充分了解客户需求的情况下将产品的特点和亮点展示出来，在每个环节将服务流程和服务规范完整地呈现给客户。

（4）基于客户感知价值的提升策略

客户感知的价值体现在通过购买获得的车辆或者通过维修服务使车辆的故障得到排除，以及在车辆购买过程中或者售后服务过程中所感知的服务质量。采用本策略时，4S店就是要在以上三个方面下功夫。例如，在新车交车时可利用新车试驾的机会进一步将车辆的亮点彰显出来，让客户真正满意自己的购买决定，甚至可以在亲朋好友中炫耀；在维修保养后交车时，向客户展示更换下来的旧件，并与客户共同确认维修保养的结果，询问客户是否有进一步的疑问或需要帮助的地方；在接待客户及其等待休息时给客户提供贵宾待遇；通过客户俱乐部为客户提供增值服务等。有的4S店在客户车辆上植入检测模块，随时对客户车辆进行体检，并通过WIFI技术，将车辆的健康状况和运转数据实时传递到捆绑的客户手机上，如果发现不正常参数，系统自动提醒客户及时处理。客户感知的服务结果和服务过程质量的提升，必将有效提升客户的感知价值，从而也提升客户的满意度。

13.4 客户满意度映象

SSI和CSI调查报告为4S店提供了改进的项目。但是，由于4S店每次得到调查机构的SSI和CSI报告都要滞后1～2个月，4S店在利用SSI和CSI报告上产生了尴尬的局面。这对于那些希望通过纠正SSI和CSI报告中的失分项目以提升客户满意度的4S店来说，总有点"不痛不痒"的感觉，因为每次要纠正的都是1～2个月以前的问题。如果这些问题真的导致客户不满，那么要等1～2个月之后才引起4S店的注意；而对于4S店的内部管理来说，分析和解决的是2个月前的问题，错误可能已经延续了

2个月。而且,在每次采取措施之后,4S店又要等上2～3个月才能从新的SSI和CSI报告验证所采取的措施是否有效。换句话说,从问题发生到证实问题得到解决,最快需要半年的时间。

4S店是否能够通过内部的检查和评价等内部管理信息来评价客户满意度呢?

13.4.1 关于客户满意度映象的论述

Benjamin Schneider 和 David Bowen 在1985年的一项研究中最早提出客户满意映象理论,他们证实,在一家银行企业的分支机构中,顾客与员工的满意水平之间存在紧密联系。8年后,在一项重复研究中,他们断定:"从员工对工作满意度的看法可以得出客户满意度方面最可靠的信息。"其后,James L.Heskett等对一些由多个单位组成的服务组织的有关数据进行研究也得出同样的结论。表13-2是James L.Heskett研究的几家知名公司的客户满意度与员工满意度之间关系的实例。

表13-2 1990～1995年部分组织的客户满意度与员工满意度之间的关系

组织名称	行业	员工类型	调查结果
MCI电信公司	电信	顾客服务中心的员工	员工满意度、顾客满意度以及顾客继续使用服务的意图之间有显著关系
Chick-Fil-A	餐饮	酒店员工	顾客满意度在平均水平以上的餐馆中,78%的员工满意度也在平均水平以上
西欧货币中心	银行	分行员工	员工满意度与顾客满意度之间有显著关系
Major U.S.Travel Service Merry Maids	旅游服务	分公司员工	员工满意度与顾客满意度之间有显著关系
万事达服务公司的子公司	保洁服务	保洁服务人员	员工满意度增加1%=员工忠诚度增加0.5%=顾客满意度增加0.22%
兰克施乐公司	办公设备	顾客服务中心的员工	员工满意度与顾客满意度之间有显著关系

注:1.每个组织的数据收集于1990～1995年期间的不同时间点。
2.资料来源于 *The Service Profit Chain*. 北京:机械工业出版社,2005。

James L.Heskett还得到这样的结论：在所有可以对数据进行统计分析的例子中，顾客满意度与员工满意度的关系是统计显著的，其他一些不能进行精确数据分析的例子也支持同样的结论。因而可以得出结论，即在缺乏顾客满意度或者员工满意度数据的情况下，可以从一种数据中预测另一种数据。例如，如果我们看到一家经营单位的员工满意度比另一家高，我们就可以很可靠地预言这家单位的顾客满意度也较高。

13.4.2 4S店客户满意度映象的表现

许多4S店的管理者都相信，服务人员只有在心情愉快并对自己的工作满意的情况下，才有可能向顾客提供完全满意的服务，满意的服务是由对自己工作满意的员工做出来的，很难想象对自己的工作都不满意的服务人员能够提供令顾客满意的服务。然而，这种意识是模糊的和得不到重视的，从这些4S店的管理层对销售顾问和服务顾问的大幅流失没有从策略层面加以遏制就可以得到证实。

在4S店，客户满意度映象的最基本的形式就是对工作充满激情的服务人员不但向前来咨询、购车和维修的顾客传递着他们的热情，而且还尽力使顾客在4S店的停留期间拥有愉快的感受。而满意的客户反过来也给接待他的服务人员以回报，例如购买车辆和精品、转介绍客户、重复预约服务等，甚至将客户与4S店的关系发展成为顾客与服务人员之间的私人关系。这种交互影响会不断促进双方关系的巩固，也会提高服务人员对自己工作的满意度和下一次对该顾客服务的热情。

服务人员和顾客之间建立客户满意度映象的默契需要一定的时间。在稳定和积极的服务过程中，服务顾问一方面需要不断学习和熟悉自己的业务，另一方面也需要不断摸索和了解顾客的特殊兴趣和需求。如果服务人员与顾客间能够不断地重复成功的服务接触，顾客就可能认可和满意顾客与服务人员之间建立的关系，并可能对这种关系产生依赖。一旦出现这样的满意水平，即使服务人员与顾客之间出现某些误会或差错，双方也会更加宽容对方。让员工保持在一种和谐、稳定和积极的满意水平下，会使员工产生对目前状态的依恋，进而促成员工更加满意自己的工作并对4S店忠诚，从而员工流失率将降低。

13.4.3 通过客户满意度映象管理客户满意度

客户满意感知实际上是一个复杂的和综合的结果，员工满意感知也一样。要把客户满意的构成项目与员工满意的构成项目进行比较找出一一对应的关系是不现实的。但是，可以从辨识服务接触的成功因素入手，寻找客户满意的感知方面在4S店内部员工运作结果的映象，通过评估映象来评估和管理客户满意度。

SQS❶和SSI的调查内容大致相同，据SQS调查报告描述，SQS涵盖了SSI的大约81%的调查内容。这些调查内容被调查机构认为是顾客满意的感知项目，SSI包括经销商设施、销售启动、销售人员、交易条件、书面文件、交车时间和交车过程七个方面；而SQS包括购车环境、接待咨询、试乘试驾、协商议价、交车过程、持续关爱和问题处理七个方面。这七个方面是调查项目的一级项目，这些项目都有二级和三级的子项目。一级项目的得分由二级项目的得分加权得到，而二级项目的得分也是由三级项目的得分加权得到。所以可以认为三级项目就是假设的服务接触的成功因素。

以SQS的三级子项目的一部分为例，可以从一些内部项目的运作结果来评价这些项目，见表13-3。

表13-3 服务接触成功因素的内部映象示例

服务接触成功因素（SQS三级项目）	内部映象
一、接待咨询	
顾客进入展厅后，销售顾问能及时接待	销售顾问配置的人数足够
销售顾问仪表得体，态度热情友好，没有给顾客过多压力	对销售顾问的仪容仪表和状态检查每天进行，记录完整；晨会、夕会内容和记录完整；员工工资与销量和客户满意度挂钩，工资高于当地同行平均水平
顾客可以得到需要的产品资料和价格表	安排专人负责，每天检查，记录完整

---

❶ 4S店的一种考评方法，全书同。

续表

服务接触成功因素（SQS三级项目）	内部映象
服务人员提供饮料和茶水，并提供多种选择	展厅接待员配置到位，训练有素
销售顾问熟悉产品轿车的性能和优点	培训内容充分，培训记录完整
销售顾问了解其他竞争品牌车型	培训内容充分，培训记录完整
销售顾问对顾客提出的问题能给出令人满意的回答	培训内容充分，培训记录完整；销售顾问对接待过程满意
销售顾问能理解顾客的需求，推荐适合他的车	培训内容充分，培训记录完整；统计有望客户按车型分类差错率
销售顾问给顾客充足的时间做决定，销售压力合适	对客户分级准确率进行统计；给销售顾问的销售任务合适
二、试乘试驾	
销售顾问主动提供试乘试驾服务	有望客户试乘试驾率
试乘试驾的车辆车况良好	试乘试驾车每天清洁检查、记录完整；PDI[①]检查记录真实、完整
试乘试驾服务对顾客最终决定购买轿车有帮助	"试乘试驾体验表"填写的完整率
三、持续关爱	
交车后收到由经销商寄送的感谢信/交车照片	专人负责；寄送记录完整
交车后一周与顾客联系，表示感谢并询问车辆的使用情况	专人负责；交车客户信息准确完整、回访记录完整
交车后经销商对顾客的需求仍然能积极回应	回访记录完整

①售前检查。

从表13-3可以看到，服务接触是否成功可以从事后的结果映象获得评价，而评价的项目恰恰就是员工满意度的评价项目，例如员工对职位培训的满意度和履行责任水平的评价等。因而管理者只要掌握和应用评价的技能，就能够通过测试内部员工的满意度来预测SSI和CSI的大致结果。

13.4.4 防止客户满意度映象的变形

应用客户满意度映象管理客户满意度可以成为4S店的一项管理技能

和一个管理工具，但是，在使用该工具的过程中要注意防止映象变形，否则映象就不能反映客户的满意状况。

例如，如果试乘试驾车记录只是试乘试驾专员和PDI专员在办公室工作的结果，那么就无法凭借试乘试驾车的记录准确评价试乘试驾车的车况和顾客对试乘试驾车的感觉；如果销售顾问在顾客试乘试驾后没有与客户针对试乘试驾进行有效的交流，并将顾客试乘试驾的真实想法如实记录，如果没有如实统计顾客完整填写"试乘试驾体验表"的情况，也无法准确评估顾客是否认为试乘试驾能够帮助其做出购车的决定。预防客户满意度映象变形是应用客户满意度映象理论的第一要求。

此外，如果员工对顾客的积极反馈没有反应甚至无动于衷，那么客户满意度映象也不能准确建立，因为客户满意度映象的建立需要服务人员和顾客双方的有效互动。因此，使用合适员工是应用客户满意度映象理论的另一要求。

一些4S店已经建立了完善的绩效管理机制，把员工的工资收入与其销量或销售收入紧密挂钩，而且与其客户满意度也紧密挂钩，通过激励手段鼓励员工为顾客提供良好的服务，同时建立了完善的培训制度和员工培训计划，确保员工具备向顾客提供满意服务的技能，这些都为实施客户满意度映象理论提供了良好的基础。

13.5 高客户满意度与客户流失

根据笔者多年来与众多4S店接触了解到的情况，无论是各生产厂家的调查机构进行的客户满意度调查，还是4S店直接对客户的回访，结果都出奇好，客户满意度高于90%的比比皆是。笔者接触过的4S店，客户满意度几乎都接近100%。一家4S店的客户满意度如果低于80%，这家4S店的客户满意度在厂家的排名里往往要排到很靠后的位置。调查结果说明，大部分的车主对4S店提供的服务是满意的。

然而，2017年江西某研究机构对江西省4S店的售后服务满意度进行了调查，对收回的757份有效问卷的统计结果却显示了大相径庭的调查结果。结果显示：

● 25%的客户对4S店的售后维修质量和一次修复率不满意；

● 66%的客户不满意4S店的售后服务时间，例如周一至周五4S店的上班时间与客户同步，周末4S店维修保养又处于高峰，客户害怕等待时间过长而不愿去4S店；

● 83%的客户对4S店的地理位置不满意，原因是4S店布点少，距离较远，加上社会修理厂普及，客户更加觉得去4S店维修保养不方便；

● 55%客户对4S店的维修效率不满意，主要体现在维修工位安排不合理，综合故障诊断效率较低，零配件的调配时间太长；

● 86%的客户对4S店的维修费用不满意，主要体现在维修工时多，配件价格高，过度维修，有些服务顾问为了业绩增开没有必要的服务项目，维修人员存在偷工减料的行为；

● 88%客户对4S店的维修规范性不满意，主要体现在客户在休息室不能看到车辆维修的全过程，对4S店的服务规范性存在怀疑；

● 51%的客户对4S店的品牌文化不满意，主要体现在4S店的品牌文化活动吸引度不高，客户能参与活动的时间有限，4S店忙于完成售后产值而不能有效地组织相关活动。

这些数据的统计项目固然与4S店的调查或者厂家的调查项目有明显出入，所反映的结果令人诧异。但笔者认为由于调查者与厂家以及4S店没有任何关系，这些数据有较高的客观性和可靠性。这些数据更能说明4S店的客户流失率为什么居高不下，有较高的参考价值。

14

培养忠诚客户

忠诚度是指同时满足以下三个条件的客户所占的百分比：对本4S店总体上"比较满意"或"非常满意"；"比较可能"或"非常可能"向他人推荐本4S店；如果将来需要再次购车，再次从本4S店购车的意向属于"比较可能"或"非常可能"。在讨论客户价值的时候，我们只从4S店的角度考虑而忽视客户的感受；在讨论客户满意度的时候，我们考虑客户的感受而忽视追求客户满意的目的。事实上，追求客户满意，目的是期望客户稳定和忠诚，只有忠诚的客户才可能为4S店带来稳定的收益和客户价值。问题是，满意的客户等同于忠诚的客户吗？

14.1　客户满意度与客户忠诚度的关系

客户满意是客户对其要求已被满足程度的感受。当客户感知的价值等于或超过其期望时，客户会满意。客户忠诚度是从客户满意概念中引出的概念，是指客户满意后而产生的对某种产品品牌或机构的信赖、维护和希望重复购买的一种心理倾向。

显而易见，客户忠诚是客户曾经满意而产生的一种状态，但是客户满意并不代表他会忠诚，而忠诚的客户不一定就没有不满和抱怨。可以肯定的是，如果不及时排解客户的不满和抱怨而让客户的怨气不断积累，那么原本是忠诚的客户也可能变成不满意的客户甚至流失。

笔者曾经在一家4S店进行售后的AUDIT Ⅱ检查时碰到这样的情形：随机抽取一个车辆刚维修不久的客户让回访员回访，电话打通后，受访的车主极不耐烦："我再也不会上你们当了，你们不要再给我打电话！"电话当场被挂断。笔者询问接待该客户的服务顾问，他表示客户在现场时并没有表示不满，不知道为什么会这样。后来，客户关爱总监将调查情况告诉笔者，这位客户因为车辆的一个问题来过多次，每次都被告知问题已处理好了，可每次回去后问题又出现。4S店一而再、再而三的错误导致忠诚客户的不满甚至流失。

近年来许多研究都得出结论：顾客满意度与顾客忠诚度之间并不总是有直接变动的关系，有很多因素可以影响这两个指标之间的关系。其中一项研究发现在那些流失的顾客中有90%的人说他们对原组织很满意。这项研究的作者R.Frederick和A.Keith得出的结论是：满意度分数可以作为一种在问题出现以前的早期预警，但是满意的顾客并不总是比不满意的顾客买得更多。而O.Thomas和W.Sasser利用一些顾客满意度和重复购买的数据研究得出如图9-1所示的结论。这个结论表明，竞争环境不同，顾客满意度对顾客忠诚度的影响程度有明显的不同。对于处于完全竞争环境的汽车销售和维修行业，当顾客满意度较低时，顾客满意度对顾客忠诚度的影响不大；但当顾客满意度达到满意和完全满意之间时，顾客满意度对顾客忠诚度的影响巨大。这个结论说明，在竞争激励的行业，只有达到顾客完全满意的情况，才能培养高的客户忠诚度。施乐公司也做过类似的研究，他们发现施乐公司顾客满意度打分为5的顾客再次购买施乐产品或服务的可能性是打分为4的顾客的6倍。

因此，4S店如果不能获得接近完全满意的顾客满意度，那么其他满意度的情形和努力对提高顾客忠诚度和4S店盈利的帮助不大。所以，就目前的竞争环境而言，推行客户完全满意战略是4S店的不二选择。

14.2　一些4S店的认识误区

误区一：管理层把顾客满意度与客户忠诚度等同起来，认为满意的顾客自然会忠诚4S店。

客户满意度与客户忠诚度之间并不必然相关，而且相关性也并不是简单的正相关关系。满意度能够代表顾客对以往消费的认可，并不能保证顾客不会选择其他4S店的产品和服务。顾客满意度只是顾客忠诚度的基础，但并不是充分条件。对于同一区域存在多家同品牌4S店的情况，这些4S店的产品是相同的，服务也具有高度类似性。客户对于产品和服务的满意程度更多地取决于哪个4S店的服务更加体贴。由于转换的成本极低，没有表示完全满意的顾客是不会成为忠实顾客的。

误区二：为提高客户满意度需要的资源投入随着客户满意度的提高而快速上升，当4S店业务饱满时，不存在进一步提高客户满意度和忠诚度问题，追求客户完全满意的境界会让企业利润降低。

客户满意度是企业努力进行客户关系管理的结果。为了降低失误、提高产品和服务的质量，4S店需要投入大量资源进行管理。但是，只有当客户满意度达到完全满意的程度才能够使4S店获得客户的高忠诚度，才可能为4S店保留高价值客户、放弃低价值和无价值客户并实现客户结构优化，同时，客户结构的优化将给4S店带来巨大回报，确保4S店基业长青。

误区三：客户忠诚度到了一定的程度，无论客户满意度如何提高，客户忠诚度也不会有所提高。

客户忠诚度是极其敏感的变量，任何影响因素的改变都可能影响客户忠诚度。由于4S店所处的行业处在一个完全竞争的环境，客户满意度的提升可能不能明显带来客户忠诚度的提升，但随着客户满意度不断提高，客户忠诚度的稳定性得到保证。只有在客户满意度达到或接近完全满意时，客户的忠诚度和重复购买的程度才会大幅提升。

误区四：客户忠诚度高，客户的重复购买率或转介绍率就高。

客户忠诚实际上是一种客户行为的持续性。客户忠诚表现为两种形式：一种是客户忠诚于企业的意愿；另一种是客户忠诚于企业的行为。这两者具有本质的区别，前者对于企业来说本身并不产生直接的价值，而后者对企业来说则非常具有价值。道理很简单，客户只有意愿，却没有行动，对于企业来说没有意义。企业要做的，一是推动客户从"意愿"向"行为"的转化；二是通过交叉销售和追加销售等途径进一步提升客户与企业的交易频度。

走出以上四个误区就可以清晰地看到：一般的客户满意度并不能保证客户忠诚度的稳定和提高，但是，客户忠诚度的提高必须要有客户满意度不断提高作为基础。

14.3 客户忠诚度密码

服务的本质是服务提供者与客户之间的价值交换。从价值分析的角度，Sunil Gupta和R.L.Danold两位学者经过研究提出客户忠诚度的模型，为我们揭开了客户忠诚度的密码。这个模型如图14-1所示。

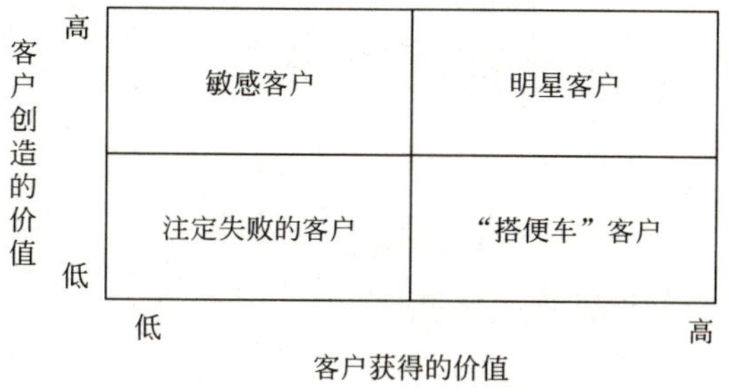

```
客              高
户
创      敏感客户      │      明星客户
造
的
价
值      注定失败的客户  │   "搭便车"客户
        低
              低      客户获得的价值      高
```

图14-1 客户忠诚度模型

在这个模型中，能够为4S店带来高价值同时也从企业获取高价值的客户为明星客户。在这种情况下，客户在获得高价值服务的同时，为4S店也创造了高价值和高额边际利润，客户和4S店间的关系是平衡和公平的，是一种互利互惠的双赢局面。此时客户与4S店间的关系稳定，客户对4S店有强烈的忠诚度。

能为4S店创造高价值但只能从4S店获得低价值的客户属于敏感客户。这类客户为4S店创造了较高的价值，但本身没有从4S店获得太多的价值。这部分客户一部分是4S店新获得的客户群体，关系还不稳定，这部分客户可能正在考虑为什么要首先选择你的产品和服务；另一部分是长期稳定的客户群体，他们只是由于惯性而对4S店表现"忠诚"。如果4S店不采取正确的措施，这类客户群随时会转向竞争对手。

"搭便车"客户是那些从4S店获得高价值而自身为4S店只能创造低价值的客户。这类客户群体从4S店获得了超值的产品和服务，但他们对4S店的价值却不大。这类客户群体往往是竞争或者4S店追求规模的产物，他们利用与4S店的关系获得大部分的价值。

而那些自身的价值低而从4S店获得的价值也低的客户群体是注定失败的客户。这类客户对4S店是不重要的，如果4S店不能把他们转变为有价值的客户，那么，要么减少在他们身上的投资，要么主动把他们放弃。

可见，客户贡献的价值与客户所感知价值的对比模型，可以对客户忠诚度进行解释，我们称之为客户忠诚度密码。客户忠诚度密码为4S店的客户结构调整和优化提供了很好的理论依据。

14.4 培养高忠诚度客户的方法

培养客户忠诚度是一项复杂和综合的工作，下面提供一些思路供参考。

（1）建立忠诚的员工团队

一般而言，客户满意度较高的4S店同时也具有较高的员工满意度，客户忠诚度较高的4S店同时也具有较高的员工忠诚度。员工忠诚度和员工满意度高的一个重要表现是员工的流动率低。如果一个4S店的员工流动率非常高，员工流动频繁，那么该4S店要想获得一个较高的客户满意度和忠诚度是不可能的。因为客户所获得产品/服务都是通过与员工接触来获得的，客户"满意的感受"只有通过对自己工作满意的员工的真心服务才能获得，对自己的工作都不满意和不忠诚的员工所提供的服务无法让客户感到满意和忠诚。因此，要让客户满意和忠诚的核心原则是首先要好好对待员工，让员工具有高的满意度、忠诚度和团队合作理念。

（2）优化客户结构

对于刚刚起步的4S店和维修能力过剩的4S店而言，发展客户和留住客户是其主要任务。而对于客户保有量有充分积累的4S店而言，优化客户结构以最大限度地取得4S店和客户双赢、建立稳定的忠诚客户群体是客户关系管理最重要的工作。实施客户忠诚计划必须先对客户进行结构分析，应该把重点放在具有高价值和可转化为高价值的客户上，根据客户的不同提供有针对性的产品和服务。

（3）让客户认同"物有所值"。

只有保持稳定的客户保有量，才能为4S店赢得稳定的利润。如前所述，保留客户并让客户忠诚的密码是让客户感知获得的价值高于他付出的成本。所以要培养忠诚的客户群，4S店仅靠让客户知道"价廉物美"是不够的，更要让客户明白他所获得的服务是物有所值和物超所值的。

（4）根据客户忠诚现状确定客户忠诚度提升方法

一般来说，客户忠诚度的建立过程可以划分为五个阶段，即猜疑、期望、第一次购买产品或服务、重复购买产品或服务、品牌宣传和转介绍。客户忠诚度必然会处于这五种状态的一种。4S店只要识别和理解客户目前所处的状态，就能明白如何提升客户的忠诚度。如果4S店客户关系建立与维护流程不能确保提升客户的忠诚度，就应该重新策划。

（5）把服务放在第一位

良好的客户服务，让客户清楚了解服务的内容以及获得这些服务的途径，是建立客户忠诚度的最佳方法。客户在获得了一个很好的服务体验后，自然会购买第二次服务，并可能将这种经历告知周围的人；但是，如果他们感觉购买和服务体验不愉快，他们可能会向周围更多的人宣传他们的"不幸"。4S店要提升客户体验，避免不好的口碑，必须先把服务做到家。

（6）及时化解客户抱怨

当客户有抱怨时，只有一部分客户会向4S店投诉，大部分客户是不会向4S店投诉的。尽管没有明确表达，不满意的客户经常会将不满反映到一些行为中，例如对一线的服务人员不礼貌、转向其他4S店或修理厂等。因此，4S店必须在不愉快的事情发生之前，尽量觉察客户的不满，给客户倾诉抱怨的机会，同时尽快解决这些让客户感觉不满的问题，避免客户不满的累积。

（7）开发"客户不满和期望"，保持客户的新鲜体验

厦门盈海斯柯达4S店采用的"10分"满意卡开发"客户不满和期望"，既能够不断保持客户新鲜的服务体验，又能够给4S店的客户关系管理和改进带来思路和方向，是一项很好的客户关系管理创新实践。通过"10分"满意卡，把客户的不满消灭在客户离店前，使其拥有了极高的客户满意度和客户忠诚度。据统计，自从2007年建店至今客户流失总数不足100个（剔除过户的客户和外地用车的客户），客户总流失率低于5%，老客户转介绍率约35%。

（8）支持客户喜欢的服务方式

在实际的接待服务中，如果服务人员只是对标准服务流程生搬硬套，有时会让客户感觉服务人员是在例行公事，反而可能导致客户的不满。例如很多品牌的厂家要求4S店在新车交付时必须在新车上张挂大红花，但

这样的要求在西藏自治区会让客户不愉快，西藏自治区的大多客户要求在新车上张挂白色哈达，有的客户还会要求在夜晚的某个时刻举办交车仪式。大多4S店开始尝试根据客户的要求对规定的服务方式做出改变，同时对客户的接待流程进行修改。例如，有些4S店将每一客户划归固定的服务顾问进行管理，使每一客户进站时都由固定的服务顾问来接待，以此增进服务顾问与客户间的了解，使服务顾问能够掌握客户的车辆状态和个性化需求，并能够以客户的习惯和喜欢的方式来接待客户。

14.5 客户黏度

客户黏度是近年来被广泛运用于表述客户忠诚度的一个指标，表示客户对于品牌或产品的忠诚、信任与良性体验等结合起来形成的依赖程度和再消费期望程度。客户黏度也指增加双方彼此的使用数量，就像我们大家在平时搞好两个人之间的关系一样。

显然，提高客户黏度有助于提高客户忠诚度。单纯从提高客户黏度指标而言，增加与客户的接触次数和客户对4S店的依赖程度就可以提高客户黏度。由此，许多4S店除了正常开展的定保提醒、召回提醒、流失客户招揽、预约保养等工作之外，还开展诸如生日礼包、节日问候、雨天安全提醒、出行天气预报等活动，期望能够因此走进客户的日常驾驶生活。也有些4S店对客户各种维修项目按进店频率进行统计分析，分出高频和低频、依赖度高和依赖度底的项目，投入资源提高高频高依赖维修项目服务质量。

移动互联网的发展为4S店提高客户黏度提供了新的手段和工具。目前，已有不少生产厂家构建了客户服务平台APP，通过对汽车配置自我检测和上网功能，为客户提供如远程故障诊断和维修提醒、保养提醒、防盗砸抢、车辆定位和行驶跟踪等服务，甚至通过APP提供了预约维修、活动提醒、保险金融、满意度调查、抱怨等服务，最大限度地将自己与客户绑在一起。为了提高客户黏度，一些实力雄厚的4S店和汽车经销集团建立了自己的互联网服务平台，甚至免费为客户安装可用于汽车检测和联网的功能模块，使汽车本身没有配置检测和上网功能模块的客户也能成为高黏度客户。

14.6 把流失的客户请回来

14.6.1 对流失客户和战败客户的分析更具价值

流失客户是指已经六个月及以上未回4S店保养或维修的保有客户；战败客户是指停止购买或已转向购买其他品牌产品的有望客户。

流失客户和战败客户分析是指利用数据挖掘等分析方法，通过对已流失的和已经战败的客户过去一段时间的服务接触情况、客户投诉、保养和维修、客户回访信息等进行分析，提炼出战败、流失或流失趋势的行为特征，目的是将这些特征应用于现有的售后保有客户和销售有望客户，把与这些特征相符的保有客户和有望客户遴选出来，并采取相应的关怀或营销手段保留客户。

客户流失的原因有很多，根据一些4S店的总结，大致可归结为以下几种。

① 价格：客户离弃的主要原因。

② 质量：客户认为产品质量没有竞争力或维修质量无保证。

③ 不适：即那些因为品牌或服务不好的微妙事件对客户的影响。

④ 缺少主要性能：客户觉得4S店提供的服务缺少自己最需要的内容。

⑤ 消极的服务接触：工作人员不能尽可能地满足客户的需求。

⑥ 对服务的回答不足：尽管4S店有提供相应的服务内容，但服务人员没有正确操作。例如，对客户提出的问题的回答有漏洞，对客户的问题不予回答，把服务不良的责任归咎于客户。

⑦ 竞争对手的行动。

⑧ 伦理道德问题：客户认为4S店有违法违规、违反权利等问题。

⑨ 其他非自愿的原因：如车辆报废、过户和客户搬迁、死亡等。

基于客户流失的原因，可以将客户流失分为四种类型：自然流失、恶意流失、竞争流失和过失流失。其中，自然流失是指因车辆报废、过户和客户搬迁、死亡等因素造成的客户流失，这是无法避免的流失；恶意流失是指恶意客户的流失，这部分客户为了一己私利要么自己选择离开，要么被4S店开除；竞争流失是指由于4S店竞争对手的影响而造成的客户流失；而过失流失则是指由于4S店自身工作中的过失造成的客户流失。

对不同类型的客户流失，采用的避免和预防的策略是不同的。针对其中由于4S店自身的原因造成的过失流失和竞争流失，4S店必须根据原因的分析结果采取改善措施，阻止流失趋势的发展，还必须采取措施，预防流失特征的产生。

对流失客户和战败客户的调查与分析，往往可以发现比成功分析更深层次的问题和改进机会。

14.6.2 把有价值的流失客户请回来

实施二次营销，把流失的客户找回来，是目前许多服务型企业包括中国移动、中国电信等大型服务企业在内的众多企业正在开展的工作，然而在汽车销售和维修行业，对战败客户和流失客户的管理和重新发展的工作还鲜有见闻。4S店一方面想方设法发展新客户，另一方面又对流失客户置若罔闻，客户流失率只作为衡量客户流失状况的一个数据而已。

把有价值的客户请回来，是一项非常有价值和回报率极高的工作。它的价值体现在以下几个方面。

① 通过与流失客户的沟通，更加了解客户的需求和4S店的服务设计、服务提供过程的缺陷。

② 直接为4S店带来优质的业务和经济收益。

③ 通过口碑效应，影响其他客户和潜在客户。

④ 扩大忠诚客户的总量和比例。

然而，找回流失客户并不是一件轻而易举的事情，也正因为有难度和挑战性，众多4S店的业务部门对它望而生畏。要找回流失的客户，需要4S店做大量的基础工作，具体如下。

① 根据客户数据进行分析和清理，挖掘出具有价值的流失客户和正在

流失的客户。

② 收集这些客户的相关信息，尽力了解客户的需求。

③ 访问客户，必要时上门拜访，与客户进行沟通，充分了解他们流失的原因和特殊需求。

④ 根据调查和访问的情况设计个性化和专门化的服务项目与服务指南，并落实服务责任。

⑤ 向客户提供服务保证和承诺。

15

员工满意度的管理

客户对服务的满意程度是客户与服务人员接触过程中的一种心理感受,只有服务人员真心实意的服务才会让客户真正满意。4S店可能制定服务流程和规章制度来规范服务人员的服务行为,但这些流程和规章制度不可能覆盖所有的服务情景,并且它们只有通过被服务人员"下意识"自觉地执行才会达到设计的预期效果。事实上,服务人员在大多数情况下需要超出服务流程和创造性地接待各种各样的客户。这就要求服务人员自愿地投入工作热情,并被客户所感受。大量研究表明,客户满意度与员工满意度有显著的相关关系,而员工的工作热情与员工对自身工作的满意度也成正相关关系。因而可以得出两个结论:一是员工的工作满意度影响员工的工作热情,进而影响客户的满意度;二是员工的满意度管理是客户满意度管理的重要组成部分。

根据中山大学汪纯孝教授等学者的实证研究,员工满意度的影响因素主要有员工的工资待遇、管理人员的管理风格、管理人员对员工培训工作的重视程度、员工自身的工作绩效和同事关系。许多其他的研究也得到类似的结论。

这些研究的成果为4S店实施有效的员工满意度管理提供了理论基础。

15.1 员工满意度管理的途径

15.1.1 建立良好的企业理念和企业文化

企业通过倡导企业理念影响员工的意识,而员工的意识变化影响员工的行为,当这种行为成为全体员工的共同习惯时,企业期望的企业文化就开始形成了。企业文化一旦形成,全体员工将会自觉认同这一习惯,企业内部将形成一种独特的工作氛围,这种氛围将不会因为管理者或员工的变化而轻易变化,相反后来的员工将很容易被同化并融入同一运作习惯中。一致性的企业运作方式将对客户产生巨大的感染力。一些研究表明,具有优秀企业文化的企业员工的满意度明显高于其他企业。

因此，员工满意度管理的首要工作是管理者要为4S店建立良好的企业理念，并塑造良好的企业文化。

15.1.2　建立有竞争力的员工薪资体系

员工的薪资制度和激励机制是4S店运营的核心问题，也是每家4S店最保密的商业机密之一。一些精明的4S店管理人员通过各种渠道不断地收集本地区其他4S店的员工薪资制度，目的是希望通过掌握其他4S店的薪资信息，在薪资结构方面构建自己的竞争优势，以较低的成本留住人才和吸引人才。一些员工之所以不断在不同的4S店之间跳槽，目的大多都是希望能够获得较好的薪资待遇。

有些品牌的厂家已经把4S店员工的薪资结构和薪资水平纳入年度考核的范围，要求4S店的薪资制度要有竞争性。有些4S店的老板抱怨员工的高薪资会提高4S店的运行成本而削薄企业的利润和收益，这种担忧从表面上看似乎有一定的道理，但如果员工的薪资结构设计合理，既能让员工在边际外获得更高的收益，使员工的工作积极性得到刺激，又能使4S店获得更好的边际效益，两者并不矛盾。例如，有些4S店采用工时分级提成加维修质量系数的方式，将员工的薪资直接与工作量和维修质量挂钩，刺激边际工作时间的产生。

"财散人聚，财聚人散"。在财聚和人聚之间找到合适的平衡点，适当让员工分享企业成长的收益和成果，是国内许多大型汽车销售经营集团聚集人才并获得快速成长的诀窍。

15.1.3　给服务人员以充分授权

授权是指管理人员与一线的服务人员分享信息、知识、奖励和权力的管理方式。服务是客户与服务人员接触的过程，客户是服务的直接参与者，客户可以直接感受服务人员是否在尽心尽力满足自己的要求和是否能够及时纠正服务过程中的差错。所以如果一线的服务人员不具备及时处理突发情况和纠正服务差错的权力，他就不能在第一时间处理服务过程中出现的问题，从而影响服务质量和客户满意度。我们经常看到当服务顾问说他没有权力处理，需要请示领导时客户不满的反应。管理层授予一线服务人员服务现场决策权，有助于服务人员一次性做好服务，灵活地满足客户的需要，使服务实绩超过客户的期望；有助于服务人员做好补救性服务，纠正服务差错，恢复客户对4S店的信任。从员工的角度上讲，管理层适当的授权，可以使员工形成授权意识，一是让员工感觉到自己能够控制服务工作，有权决定服务方法，从而能够主动迎合和满足客户的期望，当服务过程发生问题时，能够立即采取必要的措施，纠正服务差错；二是让员工了解自己的工作在整个服务流程中的作用，自己的工作与前后服务工作的关系；三是使员工愿意对自己的工作承担责任，理解管理人员是根据自己的工作质量和数量确定自己的报酬的。

授权管理不仅仅需要管理层给予一线员工处理问题的决策权，还要求管理层与一线员工分享有关客户、流程、决策条件等方面的信息和知识，否则授权管理不能奏效。有些4S店的管理层感叹"放权就乱，收权就死"，其原因大多与没有明确授权的限度以及没有向员工提供必要的决策条件信息或政策信息有关。管理人员在授权时，应对授权员工进行必要的培训，让员工明白服务活动要达成的目标、4S店的服务政策、员工可以使用的决策及限度，帮助员工合理地使用权力。

授权管理的另一个矛盾是员工自主决策和提供服务与4S店规定的服务流程之间的矛盾。采用授权管理的4S店，必须根据授权幅度的设计重新调整组织结构、业务流程和员工的职位设计，使员工具有履行职责的环境，同时也对员工的自主决策和自主行动范围进行限制。

15.1.4　给员工提供系统培训

通过有效的培训，既能有效地贯彻4S店的理念和意图，又能帮助员工提高职业技能，结果是双赢的。4S店通过员工职业技能的提升，提高了服务水平，取得了较好的服务质量，提高了客户满意度，促进了业务的发展；员工通过掌握更多的职业技能，使个人的职业价值得到提升，员工的工作满意度也得到提升。

员工培训是4S店必要的和高收益的投资，高素质的员工能够获得更高的工作绩效，并使4S店也获得更好的运营绩效。

15.1.5 建立和谐的同事关系

良好的同事关系可使员工心情愉快。同事间的互相关心和互相帮助，可使员工更加愿意为本4S店继续积极工作。有些4S店的员工除了在店里有工作往来外，8小时外形同陌路，这样的同事关系不利于4S店的团队建设，更不能使员工对4S店有所留恋。和谐的同事关系是优秀企业文化的象征之一，建立和谐的同事关系是4S店管理人员职责的一部分。

15.2 服务岗位员工流失的原因及影响

在人力资本创造价值的今天，任何企业都不能忽视通过员工来获取竞争优势。如何吸引、保留和激励员工是人力资源管理的永恒话题。但是目前许多4S店的人力资源状况却不容乐观。一方面，大多数4S店是民营企业，机制灵活，有较大的用人自主权，因而在人员招聘、工资体系、员工辞退等方面均体现出较大的灵活性。但有一些4S店灵活的机制并没有转化为优势，有些管理者认为劳动力市场对企业是敞开大门的，企业在任何时候都不愁招不到需要的员工，因此不在乎员工的高流失率，不计算员工流失造成的人力成本的增加以及因此带来的其他深远的负面影响。另一方面，4S店数量的高速膨胀导致有经验的销售人员和服务人员严重匮乏，4S店的从业人员非常容易跳槽，人员的快速流动成为整个行业一种不正常的"常态"。然而，销售人员和服务人员的频繁更换，不但增加了4S店的运营成本，还严重地影响了4S店的客户关系，并最终影响企业持续发展的潜力和竞争力。

15.2.1 服务岗位员工流失的原因

服务岗位员工流失严重是大多数4S店面临的严重问题。在一些4S店，员工严重流失已经影响到4S店的正常运作。正因为如此，一些4S店不愿意委派新进员工参加厂家规定的岗位入职培训，不愿意给新进员工买社会保险等，企业与员工的关系以及4S店的经营步入了恶性循环的怪圈。

根据梁平和周春兰的研究以及对深圳某4S店的内部调查，4S店销售岗位和服务岗位员工跳槽的大致原因有五个方面。

① 薪资福利待遇低于同行，薪资制度没有吸引力。

② 内部文化氛围差，与同事不好相处。

③ 没有发展前途和升职机会。

④ 其他4S店能够提供更好的职位或待遇。

⑤ 其他原因，如家庭、交通、健康、系统内部流动等。

深圳某4S店在每年春节过后服务顾问和销售顾问都会"大换血"，修理技工流失率也很高。这家4S店的服务总监说，在深圳这样的城市，员工的流动不可避免。但是深圳另外一家同品牌4S店的员工流失率却一直很低，这家4S店几乎只有新增加的员工，极少有员工自己离职。可见，社会原因不能成为员工流动的根本原因。

15.2.2 服务岗位员工流失的影响

服务岗位人员的合理流动是企业的正常现象。一家企业，如果没有正常的人员流动，将无助于企业保持内部竞争和保持人员的活力与激情。优胜劣汰，始终是企业有效的人力资源机制，从这一点来说，应该鼓励适度的人员流动。然而，过于频繁的人员流动特别是服务人员的流动会给4S店带来重大的损失，这些损失主要表现在以下几个方面。

（1）成本损失

服务人员的流失成本包括直接成本和间接成本。

直接成本包括取得成本、开发成本、维持成本和遣散成本构成的人力资源成本，通俗地说就是人员的重置成本，即置换目前正在使用的人员所必须付出的代价，包括4S店在员工的招聘、内外培训、人员成长期间由于错误造成的损失和离职补偿等方面付出的费用。根据杨政燕的调查，这部分成本在一般行业一般是离职员工月薪的2～3倍。而在汽车销售行业，由于服务人员需要厂家的培训和不断的再教育，人力资源成本比一般行业的人力资源成本高。

间接成本以员工离职或离岗使企业因该岗位空缺所蒙受的经济损失作为人力资源损失费用的计量依据，包括员工离职前低效率成本和空职成本，即员工在离职前，由于已经心不在焉而造成的效率损失，和由于该职位在被新员工填补之前因职位空缺而使某项工作或任务受到不良影响所造成的损失。有些学者还把由于员工流失导致的企业凝聚力下降、业务影响和客户损失甚至商业秘密和技术流失也计入人员流失的间接成本。

石金涛、吴广清提出的员工流动成本计算公式可供4S店计算服务人员流失成本时参考：

$$员工流动成本 = 离职成本 + 岗位空缺成本 + 招聘成本 + 培训成本 + 企业支付给员工的总收入 \times 流动补偿因数 + 企业全年收入 \times 利润率 \times 企业制度保障因素$$

离职者对雇主品牌是有影响的，一个流动率高的企业会给应聘者一个工作稳定性差的印象，对那些对职业稳定性要求较高的应聘者就会失去吸引力，企业为吸引人才而支付的报酬就相应提高。企业制度保障因数，即关键员工离职对企业造成的企业管理、技术、客户流失等造成的损失因数：

$$企业制度保障因数 = 职位重要性 / 企业制度的完善性$$

（2）商业机密和客户损失

服务人员流失可能导致的商业秘密损失包括客户信息资料、有望客户信息、4S店的管理制度、薪资制度和激励制度、4S店的销售政策和价格信息等。商业秘密的流失可能导致4S店竞争力降低。

服务人员流失可能导致的客户损失包括两个方面：一是服务人员直接把客户带走或导致客户的流失；二是导致客户满意度和忠诚度下降。老服务顾问对客户非常熟悉，习惯了老服务顾问服务的客户可能对4S店更换给他的新接待人员不满。

（3）业务量损失

根据深圳某4S店的统计，一个新的服务顾问的平均单车产值比一个老服务顾问的平均单车产值少200~250元。

> 15 员工满意度的管理

一个销售顾问必须经过2～3年的经验积累，才有可能积累到稳定的客户基础和准确识别潜在客户的经验。

（4）影响企业的凝聚力

员工高比例流失，不仅带走了商业、技术秘密和客户，使企业蒙受直接经济损失，而且增加企业人力重置成本，影响工作的连续性和工作质量，也影响其他在职员工的稳定性和对企业的忠诚度。在员工流失率高的4S店，不断有老员工离开和新员工进来，员工之间很难形成共同的价值观和服务理念，特别是当其他在职员工看到流失员工在离开后得到了更好的发展或者更多的收益时，在职员工的工作情绪也会受到影响。

16

结语

16 结语

客户关系是4S店对外关系中的最重要的关系，客户关系的优劣决定4S店的竞争地位和盈利能力。客户关系的构建涉及目标客户群体的确定、客户需求水平的辨识和4S店的竞争定位，以及因此而确定的服务经营策略和构建的服务提供系统。4S店的服务价值链揭示，一线员工的满意度和忠诚度与客户的满意度和忠诚度对于4S店的经营质量和盈利能力同样重要。本章运用美国服务业管理的权威人士卡尔·艾伯修的"服务金三角"理论和美国哈佛商学院教授James L.Heskett的服务价值链模型来进一步揭示4S店、客户、员工之间的关系，希望对读者有所启发。

16.1 4S店的"服务金三角"模型

"服务金三角"是美国服务业管理的权威人士卡尔·艾伯修在总结了许多服务企业管理实践经验的基础上提出来的，它是一个以顾客为中心的服务质量管理模式，由服务策略、服务人员、服务系统三个要素组成。这三个要素都以顾客为中心，彼此相互联系，构成一个三角形，如图16-1所示。

图16-1 "服务金三角"模型

"服务金三角"理论认为，任何一个服务组织要想使顾客满意，就必须具备三大要素：一套完善的服务策略；一群能精心为顾客服务、具有良好素质的服务人员；一个既适合市场需要，又有严格管理的服务系统。服务策略、服务人员和服务系统构成了以顾客为核心的三角形框架，即形成了"服务金三角"。

16.1.1 服务策略

要使4S店提供成功的服务，4S店必须制定明确的服务策略。在制定服务策略时，4S店只有以顾客的期望为依据，使顾客的期望与企业提供服务的能力相匹配，才有可能为顾客提供满意服务奠定一个良好的基础。美国哈佛商学院教授James L. Heskett指出，一项服务不可能使所有人得到所有的满足。服务组织与制造厂商不同，无法在同一时间提供超过一种"产品"，也就是超过一种形式或水准的服务。对于经营者，你必须选择或细分化出某一群顾客，再给予特定的服务，只有按照顾客的需要，并制定出相应服务策略并提供服务者，才能在顾客的心目中，拥有竞争上的优势。细分化就是区分出具有相同特性消费群体的过程，通过细分化可以设计并提供每个消费群体所需要的产品和服务。服务市场的细分化是4S店实施各项营销策略的基本前提，它是根据服务市场需求的多样性和购买者行为的差异性，把整体服务市场即全部顾客和潜在顾客，划分为若干具有某种特征的顾客群，以便选择确定自己的目标市场。市场细分化是目标市场确立的客观基础。服务市场需求的多样性和顾客购买动机的差异性取决于社会生产力的发展水平、市场商品供应的丰富程度以及顾客的收入水平。在社会经济落后、商品缺乏的时候，这些差异表现并不明显。但是在社会经济发展到一定程度，市场供应比较充足，购买力提高的时候，差异性便明显地呈现出来了。这一点，在顾客对服务的需求方面的变化尤其显得突出。但是，任何一个服务策略不可能同时满足众多顾客的需求。因此，制定细分化的服务策略就显得尤为重要。实施细分化服务策略最重要的作用在于可以针对不同顾客群的需求，根据4S店的能力来提供恰如其分的服务。因为对于顾客来讲，如果4S店提供的服务不能满足顾客的需求，顾客必然会不满和离4S店而去。但是如果4S店提供顾客的服务远远超过了顾客的需求，服务成本大大增加，那么即使服务的目标是正确的，也会因为成本太高而使客户流失。

16.1.2 服务人员

4S店要提供成功的服务，第二个关键要素是服务人员。对顾客来讲，与4S店之间的接触是通过与4S店第一线的服务人员来实现的，服务人员既是4S店的代表，又是服务的化身。但是，因为顾客的需求和期望是五花八门的，服务人员与客户的接触充满了不确定性。服务人员在提供服务的过程中，在很多情况下需要自行判断如何解决顾客的问题，有针对性地提供服务。要提供顾客满意的服务，服务人员素质的高低起决定性的作用，建设一支具有良好素质的服务人员队伍是必不可少的。4S店必须担负起对服务人员的培训和沟通的责任，以培养和提高服务人员的服务意识、服务理念和服务技巧，调动服务人员主动提供符合要求的服务的积极性和主动性。

16.1.3　服务系统

要提供成功的服务，4S店还必须建立相应的服务系统，包括组织、过程、程序、服务标准和需要的资源。通过4S店中各种工作流程、服务规范、考核手段、管理体系等的建立和实施，促使4S店各种资源有效地配合及运用，保证4S店在确定细分化的服务策略以后能够对服务提供过程进行有效控制，使4S店能及时准确地提供服务以达到预定的顾客需求。

"服务金三角"指出了服务企业成功的最基本要素，已经成为服务业管理的基本理论。4S店作为一种典型的服务性组织，其成功运营同样遵循"服务金三角"原理，同样离不开以顾客为核心的服务策略、服务人员和服务系统三大要素。

16.2　4S店的服务价值链

20世纪80年代中期，美国哈佛商学院的James L.Heskett教授等几位学者，在研究了大量服务企业成功经验的基础上，整合市场营销、人力资源等多学科知识，提出服务价值链理论。服务价值链理论的提出，对于提高企业的营销效率和效益、增强企业的市场竞争优势，起到了较大的推动作用。企业通过对服务价值链的把握，促进企业利润的增长。在公司、员工、顾客之间建立了长期的、共同的利益关系和价值链接，这样的关系既能鼓励员工提供高质量的服务，又能激励顾客维持忠诚，从而达到服务价值链的良性循环。

根据James L. Heskett教授的服务价值链建立4S店服务价值链模型，如图16-2所示。这个模型不仅揭示了4S店的运营结构、盈利模式、客户关系和服务价值的传递过程，也揭示了4S店通过管理服务价值链获得成功的所有因素的内在联系。

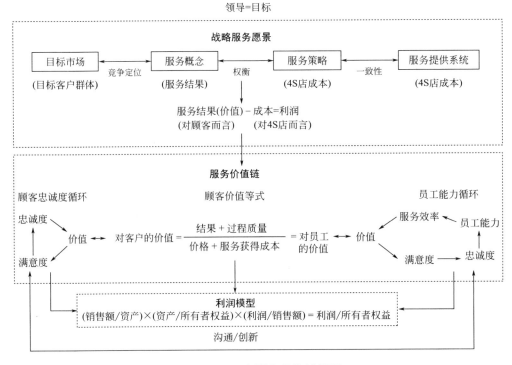

图16-2　4S店服务价值链模型

16.2.1　领导

领导=目标

只有卓越的4S店管理者才能够了解4S店的服务价值链及内部关联的全貌，多数4S店管理者的关注点总是在销量、利润、运营成本、客户满意度等少量几个指标上面,而对于复杂繁多的运营因素总是顾此失彼。4S店服务价值链模型揭示的盈利模型、运营因素、服务价值产生和传递的顺序和因果关系,为管理者提供了明晰的服务运营的全局性概念,使领导有了明确的并与员工、客户一致的关注目标。

16.2.2 愿景

愿景=竞争定位、权衡和一致性

由于4S店所经营的品牌给了它很多的限制,4S店实际上不能自由地设计自己的未来和愿景。4S店必须根据所经营的品牌、所经营区域的人口统计状况以及这些人口的消费心理选择自己的目标市场和潜在客户。4S店只有以目标市场的确定情况以及4S店所处的竞争环境为依据,才能确定要让自己做成什么、给客户带来什么服务和价值,以及所能确立的竞争地位。对客户而言,4S店只要能够提供给他所需的服务,4S店就有了价值。为提供确定的服务,赢得目标客户的青睐和购买欲望,4S店必须进行经营策划和制定经营战略,包括组织、过程、程序、服务标准和需要的资源,以及达成策划服务目标的计划和服务提供系统。在制定经营战略和确定服务目标之间,4S店要在付出的成本和创造的价值之间进行权衡,以预计4S店的收益。对设计的服务提供系统要进行评审,以确保服务提供的过程和结果与经营战略、经营理念的一致性。

16.2.3 服务价值链

服务价值链=价值、满意度和忠诚度

战略中的优势可以转化为4S店的利润。因为这种优势在某种程度上建立在为客户创造的价值基础之上,所以它与位于服务价值链核心的价值等式有直接的联系。4S店对服务结果进行详细的描述有助于员工清楚4S店的战略愿景,也有利于4S店制定经营战略、提供资源和为一线员工提供更大的权限和支持。更重要的是,通过服务人员对具体的服务结果的理解,使他们认识客户服务和实现服务的方式的重要性,准确使用4S店为他们提供的权限和支持,以更低的成本为顾客提供更好的服务,为4S店创造更大的竞争优势。

对顾客而言，如果4S店提供的服务结果和顾客对服务过程的感受之和大于顾客付出的成本（包括服务的价格和顾客获得服务的成本），那么4S店提供的服务是有价值的，否则是没有价值的。顾客是否满意和是否能够成为4S店的忠诚客户，取决于4S店能否将其服务概念和经营战略与服务价值链联系起来，以提供稳定的和高水平的并与经营策略和经营理念一致的服务。对员工而言，如果其提供服务的结果与给客户带来的感受之和大于客户的付出而被客户所认可，员工创造的价值才能得以体现。对这种关系的认识能够强化员工执行服务提供规范和服务标准的意识和积极性。员工价值体现的结果是否得到及时评价和激励，以及员工是否得到及时、充分的授权与支持，将影响员工对自身工作的满意度和对4S店的忠诚度，进而影响员工个人能力的发挥和影响服务结果。通过价值等式的嫁接，使客户忠诚度循环与员工能力和满意度循环建立了直接的联系。从图16-2所示的4S店服务价值链关联关系可以看到，员工满意度及忠诚度和顾客满意度及忠诚度之间的直接联系对于4S店成功的服务价值链管理（包括4S店的运营和客户关系管理）至关重要。

同时，从服务价值链模型中可以清晰地看到，4S店的基本特征是一线员工和顾客之间发生的直接接触。这种短暂的接触往往发生在顾客评估服务的一瞬间，正是这一瞬间，客户形成了对服务质量好坏的评价。在服务接触过程中，每个参与者都试图控制服务的过程，从而导致对管理灵活性的需求和对接触顾客的员工的授权需求。服务的特性之一就是顾客主动参与服务过程。每一个关键时刻都涉及顾客和服务提供者之间的交互作用。对4S店而言，服务接触处于价值链的核心，期望服务接触处于积极稳定的状态并产生一种满意度水平，使员工忠诚度提高，进而对顾客满意度产生积极的影响。

16.2.4　利润模型

利润模型＝为客户创造的价值/4S店的成本

4S店通过服务价值链中的战略愿景和价值等式为客户创造服务结果，客户愿意为此支付的价格成为价值链模型结果的决定因素。4S店服务价值链模型揭示了4S店盈利能力和盈利质量,以及员工满意度及忠诚度和客户满意度及忠诚度之间的联系对4S店的利润和盈利能力所产生的影响。

16.3 与客户创造共赢

4S店提供一流服务的目的,是为目标客户提供高水平的价值,同时为4S店赢取合理的利润。"服务金三角"理论和"服务价值链"理论清楚地告诉我们,服务企业的成功运营依赖于企业、员工和客户三者的互相作用,依赖于员工满意度和忠诚度以及客户满意度和忠诚度的成功关联。只有企业、员工、客户三者共赢,4S店才能稳定发展和获得成功。

(1)把客户当上帝

销售人员和服务人员应该从心里尊重客户,辨识和理解客户的要求,并在4S店的服务框架内尽量满足客户的需求。"把客户当上帝"必须是4S店对销售人员和服务人员的要求,也必须是销售人员和服务人员对自己的要求,但却不能成为客户对销售人员和服务人员的要求。"客户是上帝""客户永远是对的"的提法,容易助长一些客户的"非分"之想,把一线服务人员置于进退两难的尴尬境地。客户不是上帝,但必须像对待上帝一样服务于客户。

(2)把客户当学生

在4S店大量的客户投诉中,稍加细心就可以发现相当一部分投诉是由于双方对4S店运作方式的认知出现了偏差所造成的。及时与客户沟通,通过对客户潜移默化地教育和信息输入,及时调整和降低客户的期望,使客户习惯4S店的服务文化和服务行为方式,有助于减少4S店和客户认知之间的偏差,有助于4S店建立独特的服务方式并得到其客户群体的认可,有助于预防客户不满的发生。

(3)把客户当朋友

无论是"把客户当上帝",还是"把客户当学生",都不能使服务人员与客户平等交流,只有"把客户当朋友",将服务人员和客户置身于平等的地位，才有可能促使服务人员与客户平等交流，促使彼此间建立友谊。把客户当朋友，对客户真诚，经常给客户提供有益的建议，把客户拉平到与自己平等的地位，这样不仅容易培养客户的忠诚度，也容易取得客户对错误服务的谅解，甚至可以在某些方面得到客户的帮助。

4S店所处的汽车销售市场和汽车后市场竞争激烈，随着众多品牌的蓬勃发展和消费者需求的日趋饱和，4S店间的竞争将越发惨烈。4S店要在这种完全竞争的环境下维持生存和建立竞争优势，仅有完善的运作流程和标准是不够的，因为这些是容易被竞争对手模仿和复制的。4S店必须在发展卓越的客户关系上下功夫，在形成4S店自身独有的和卓越的客户关爱理念上下功夫，在形成自己卓越的员工关爱文化上下功夫，在提高4S店运营效率上下功夫，以实现企业、员工和客户共赢。只有如此，4S店才能建立稳定忠诚的员工团队，积累稳定的忠诚客户基盘，持续实现4S店的社会价值和经济价值。

参考文献

[1] 赫斯克特，等. 服务利润链. 王兆刚，等译. 北京：机械工业出版社，2005.

[2] 古普塔，等. 关键价值链：从客户价值到公司价值. 王霞，等译. 北京：中国人民大学出版社，2006.

[3] Melvyn A, et al. Xerox Corporation: The Customer Satisfaction Program. Case No. 9-591-055. Boston: Harvard Business School Publishing Division, 1991.

[4] 汪纯孝，等. 服务性企业整体质量管理. 广州：中山大学出版社，1999.

[5] 杨政燕. 人力资源规划：设计与操作手册. 北京：中国纺织出版社，2007.

[6] 张玉娟，李柱. 员工流失成本计量研究综述. 财会通讯-综合：上. 2009，12：33-35.

[7] 巴威，等. 基于排队论的车辆装备维修力量需求预测研究. 军事交通学院学报，2009，11（6）：89-91.

[8] 李静. 排队论在汽车售后服务系统的应用. 科技信息，2009，23：16，41.

[9] 任中杰，陈荣章. 4S店售后服务能力与需求管理探析. 上海汽车，2008，12：39-43.

[10] 王克美. 现代企业员工流失的影响及对策. 山西经济管理干部学院学报，2006，14（1）：6-7，73.

[11] 梁平，周美兰. 企业核心员工流失的影响、原因及对策. 重庆工学院学报（社会科学），2009，23（8）：33-35，66.

[12] 孙丽娟，郑莉. 汽车4S店售后服务质量研究. 科技展望，2017，31：200-201.

[13] 石金涛，吴广清. 人力资源管理中的一个黑洞：跳槽成本. 中国人力资源开发，2004，10：21-25.